GUANTÁNAMO KID

Guantanamo Kid
© DARGAUD, 2018, by Jérôme Tubiana & Alexandre Franc
www.dargaud.com
All rights reserved

Korean translation copyright © 2024 by Dolbegae Publishers
Korean translation rightsarranged with MEDIATOON LICENSING S.A.S.
through EYA Co., Ltd

이 책의 한국어판 저작권은 EYA Co., Ltd를 통해 MEDIATOON LICENSING S.A.S.와 독점 계약한 돌베개에 있습니다.
저작권법에 의해 한국 내에서 보호를 받는 저작물이므로 무단전재 및 복제를 금합니다.

관타나모 키드
관타나모 수용소 최연소 수감자
무함마드 엘-고라니 실화 오디세이

제롬 투비아나 글
알렉상드르 프랑 그림
이나현 옮김

2024년 10월 21일
초판 1쇄 발행

펴낸이	한철희	
펴낸곳	돌베개	
등록	1979년 8월 25일 제406-2003-000018호	
주소	(10881) 경기도 파주시 회동길 77-20 (문발동)	
전화	(031) 955-5020	
팩스	(031) 955-5050	
홈페이지	www.dolbegae.co.kr	
전자우편	book@dolbegae.co.kr	
블로그	blog.naver.com/imdol79	
인스타그램	@dolbegae79	
페이스북	/dolbegae	
편집	김태현	
표지 디자인	김민해	
본문 디자인	이은정·이연경	
마케팅	심찬식·고운성·김영수	
제작·관리	윤국중·이수민·한누리	
인쇄·제본	상지사	

ISBN 979-11-92836-92-8 (07900)

책값은 뒤표지에 있습니다.

관타나모 키드

관타나모 수용소 최연소 수감자 무함마드 엘-고라니 실화 오디세이

제롬 투비아나 글/ 알렉상드르 프랑 그림/ 이나현 옮김

돌베개

일러두기

1. 이 그래픽노블의 주인공 무함마드의 성(姓, Family Name)으로 엘-고라니(El-Gorani), 엘-가라니(El-Gharani), 알-카라니(Al-Qarani) 등이 여러 공식 서류 및 언론 매체에서 혼용되었다. 한국어판에서는 원서(프랑스어판)를 기준으로 '무함마드 엘-고라니'를 기본으로 하여 정리하고, 명백하게 다르게 불리거나 쓰인 경우에만 그에 맞춰 기재하였다.
2. 원서 주는 ✽, 옮긴이 주는 ♦로 표시하였다.

메디나(사우디아라비아) 1987~2001
카라치(파키스탄) 2001
칸다하르(아프가니스탄) 2001
관타나모(쿠바, 미군 기지) 2001~2009
은자메나(차드) 2009~2011
하르툼(수단) 2010
코토누(베냉) 2011
아크라(가나) 2011~2017
은자메나(차드) 2017

우리 가족은 차드 북부 출신입니다. 정확히 어느 지역인지는 모르겠습니다. 사막 지역이라는 것만 압니다. 할아버지와 할머니는 고란(Goran)족 출신 유목민이셨습니다. 조부모님은 메디나로 이주하신 후 성을 고란족 이름에서 따와 고라니로 바꾸셨죠. 어렸을 적에는 아무것도 몰랐습니다. 고향에 대해 들은 거라곤 아버지께서 일곱 살 때부터 낙타에게 먹일 풀을 찾아 홀로 며칠이고 사막을 떠돌아다니셨다는 게 전부였죠.

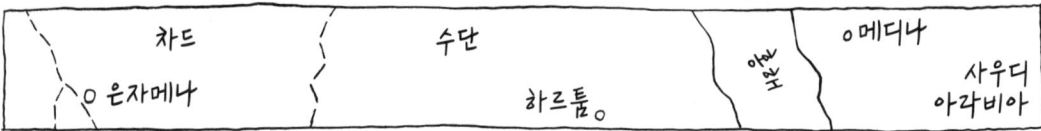

할아버지와 할머니께서는 예언자 무함마드의 모스크에서 기도하시는 게 소원이었습니다. 그래서 메디나로 이민을 결정하셨다고 합니다. 우리 이슬람교에서는 메디나에서 살면 천국으로 가는 길이 더 수월해진다고 믿거든요.

천국: 이슬람 삽화를 본뜸.

조부모님이 사우디아라비아에 오신 후, 아버지는 여러 직업을 전전하셨죠. 세차부터 사우디 사람이 주인인 가게에서 일하는 것 등등. 사우디 출신이 아니면 가게를 가질 수가 없었거든요.

사우디아라비아에는 외국인을 차별하는 규정이 너무나도 많습니다. 제가 학교에 갈 나이가 됐을 때 일어난 일입니다.

애가 사우디 출신인가요?

아뇨, 차드 출신인데요.

지금은 빈자리가 없으니까 다음 달에 다시 오세요.

환영

여덟 살이 되어서야 차드 출신 사람들이 운영하는 학교에 가게 되었습니다. 선생님은 집에서 차드, 수단, 이집트, 파키스탄 같은 나라에서 온 아이들을 가르치셨죠. 저는 거기서 4년을 공부했습니다. 2년쯤 지났을 때 아버지가 병에 걸리셨습니다.

저는 형과 함께 일을 시작해야 했습니다. 우리는 길에서 물건을 팔았죠.

기도용 묵주와 시원한 물 있어요!

일을 하며 모아 놓은 돈이 조금 있었습니다. 그 돈으로 파키스탄에 가기로 결심했습니다.

◆ 사우디아라비아의 화폐 단위.

V. 수감자 유세프 아바키르 살레 알 카라니를 상대로 한 FBI 심문 관련 혐의

이 항목에서는 FBI 요원 및 군과 합동으로 관타나모 수감자 유세프 아바키르 살레 알 카라니(269번)를 상대로 실시한 심문 과정의 행태에 대해 다룬다. 조사 결과, 2003년 9월 FBI 요원들은…

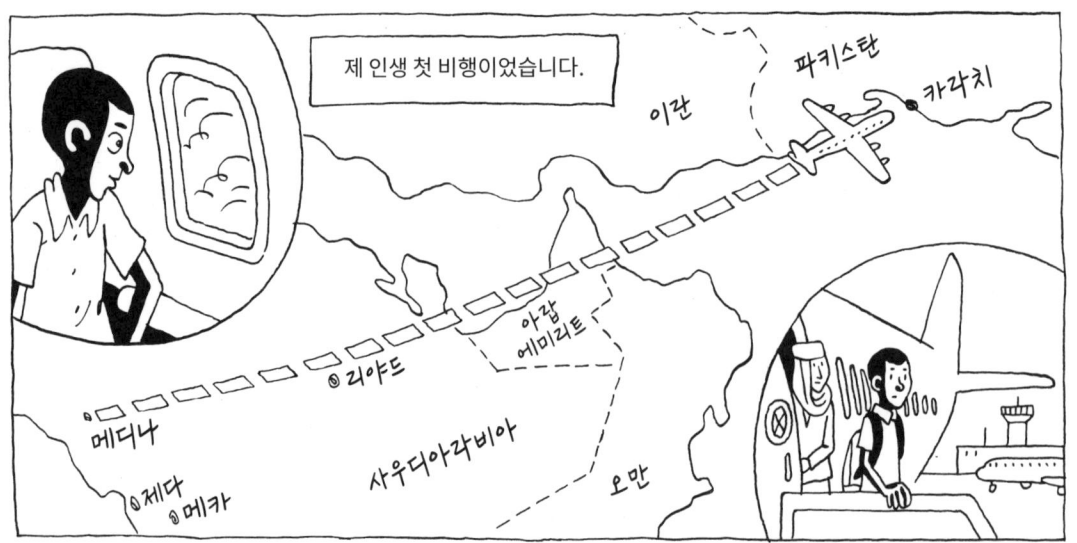

알리네 삼촌은 집에서 서른 명이 넘는 학생들을 가르치셨습니다. 대부분 파키스탄 학생들이었지만 외국인도 있었습니다. 수업 후에는 저랑 알리 삼촌의 아이들만 남아서 집에서처럼 편하게 지냈습니다.

수업은 6개월짜리로, 처음 석 달은 영어만 배우고 이어서 IT도 함께 배우는 것이었습니다. 다 끝나면 메디나로 돌아갈 생각이었습니다.

매주 금요일마다 가족들로부터 전화가 왔습니다. 어머니는 2~3일마다 전화를 하셨고요.

  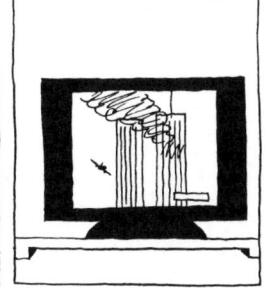 

파키스탄에 간 지 두 달 만에 9.11 테러 사건이 발생했습니다.
당시 저는 아무런 관심도 없었죠…

동네 아이들한테 한창 제 화려한 축구 실력을 자랑하던 중이었습니다. 메디나에서는 다들 저를 자기 팀으로 못 데려가서 안달했습니다! 혹시 고란 출신의 함자 살레 선수를 아시나요? 저는 그의 엄청난 팬이었어요. 그는 메디나에서 활동하면서 1994년과 1998년, 두 번이나 사우디아라비아 국가대표팀에 선발되었습니다. 고란 출신 아이들이라면 누구나 살레처럼 축구를 잘해서 사우디아라비아 시민권을 갖는 꿈을 꾸었습니다.

매일 아침 일어나서 학교에 가고,
점심을 먹고 축구를 하고, 공부하고 기도했습니다.
수업 때문에 하루하루가 아주 바쁘게
흘러갔습니다.

매주 금요일에 집 근처의 커다란 모스크에서 기도를 했습니다. 이 모스크의 이맘◆은 사우디아라비아 출신으로 아랍어를 잘하는 분이라, 저 같은 아랍인들이 아주 많았습니다

사우디 사람이야?
아뇨, 차드 사람인데요.
거짓말 마라! 너 사우디 출신이잖아!

야, 거기!

제 말투 때문에 들킨 것 같았습니다.

◆ 이슬람교에는 엄밀한 의미의 성직자는 존재하지 않는다고 한다. 이맘은 종교적 업무를 주관하고 공동체를 이끄는 지도자를 뜻한다.

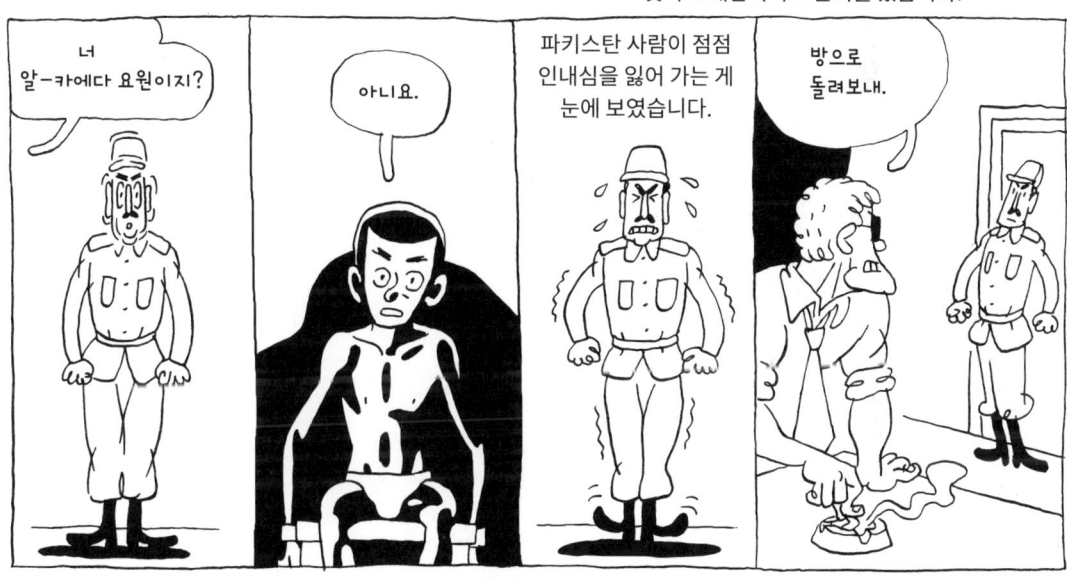

제 손은 쇠고랑으로 묶였고, 간수가 등 뒤에서 쇠사슬을 붙잡고 있었습니다. 우리는 20명이었고, 간수는 15명이었습니다.
미군이 눈과 귀를 마스크로 가려 버렸고 트럭으로 사람들을 밀어 넣었습니다.
공항에 도착해서야 마스크를 벗겨 줬습니다. 이제 본격적으로 '할리우드 영화'가 시작되었습니다.

너희들은 체포됐다!

너희들은 미 육군에 구류되었다!

말하지 마라! 움직이지 마라! 아니면 발포할 것이다!

통역사가 아랍어로 통역을 했습니다.

미군이 우리를 구타하기 시작했습니다.

사람들이 피를 흘리고 울부짖었습니다. 아마 30분 정도 계속 구타당한 것 같습니다.

대부분의 사람들이 의식을 잃은 상태로 헬리콥터에 실렸습니다. 대체 어디로 가는 건지, 미군들은 아무 말도 해 주지 않았습니다.

그 한심한 놈은 스무 살에서 스물다섯 살 정도로 어려 보였습니다.
다른 경비병들도 그 또래였습니다. 저는 복수할 기회만을 기다렸습니다.

"깜둥이"라는 말을 처음 들었던 때로 돌아가겠습니다. 그때 헬리콥터에서 끌려 나와서 미군한테 또 맞았습니다. 미군이 입고 있던 옷을 벗기고 텐트 안으로 밀어 넣었습니다.

미 군복을 입은 남자가 아랍어로 말을 걸었습니다.
말투를 보니 이집트 사람 같았습니다.

마지막으로 오사마 빈 라덴을 본 게 언제지?

네? 누구요?

다시 맞았습니다.

기지에 있는 내내 두들겨 맞았습니다.

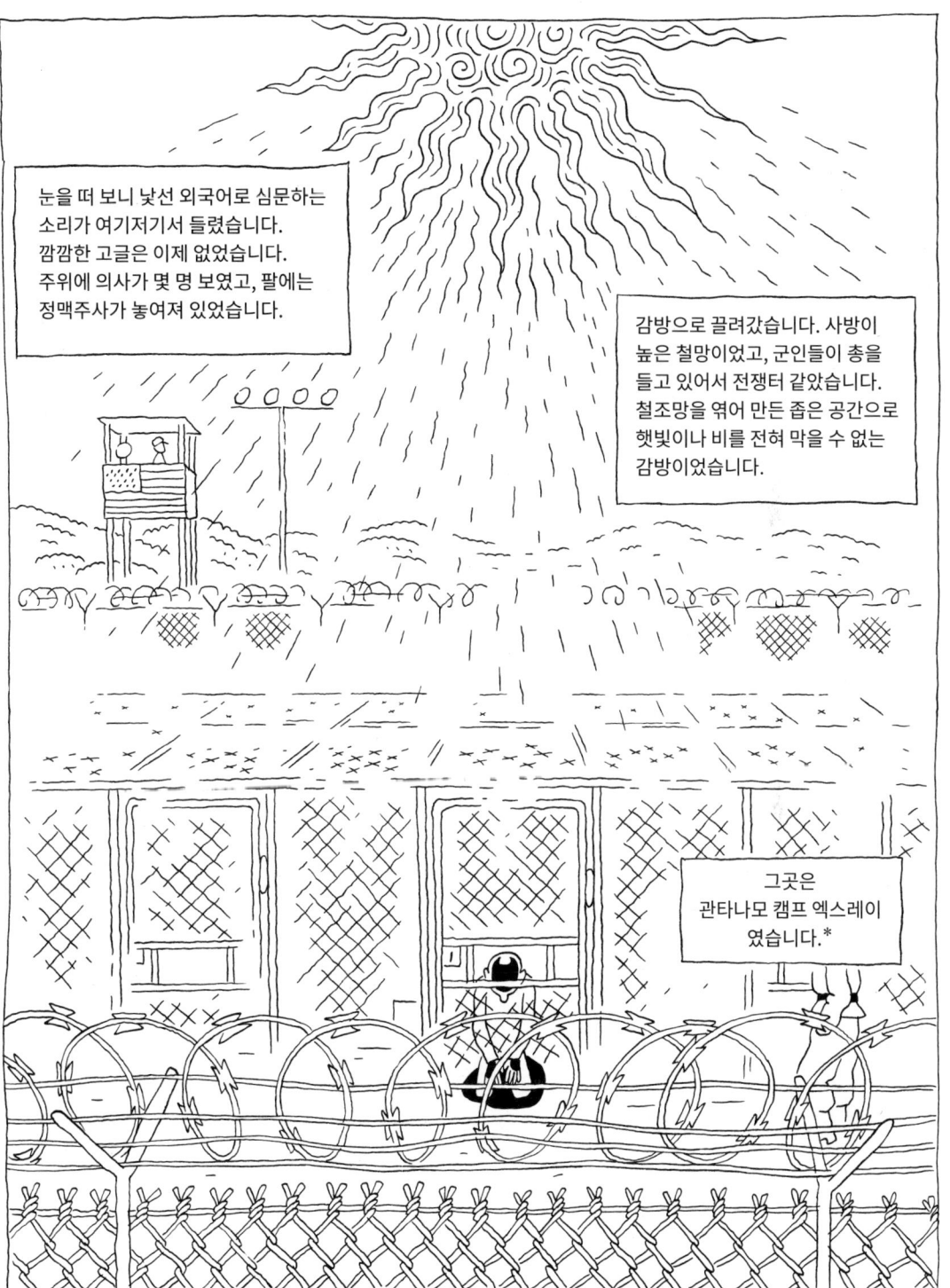

* 아프가니스탄에서 이송된 '죄수'들은 캠프 엑스레이(X-Ray)에 수용되었다(2002년 2월 21일부터). 2002년 4월 캠프 엑스레이는 폐쇄되었고 이들은 영구 운영 시설인 델타(Delta)로 옮겨졌다.

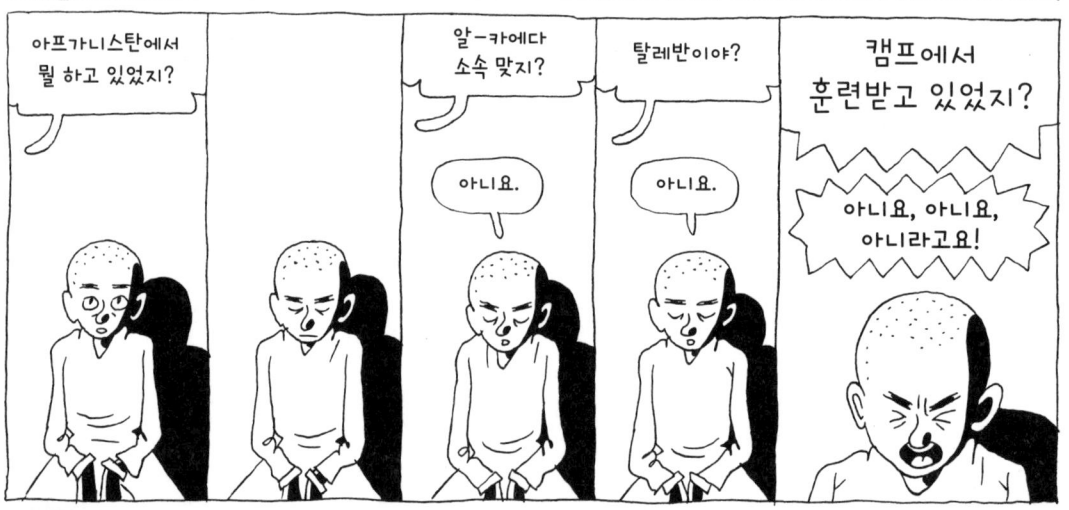

몇 주 동안 도대체 어디로 온 건지조차 몰랐습니다.
푸른 하늘 말고는 주변에 아무것도 보이지 않았습니다.
2월쯤 도착한 것 같았지만, 칸다하르와 비교하면 너무 더웠습니다.

여긴 유럽이야. 확실해.

아냐, 오만 같은데.

브라질 아닌가?

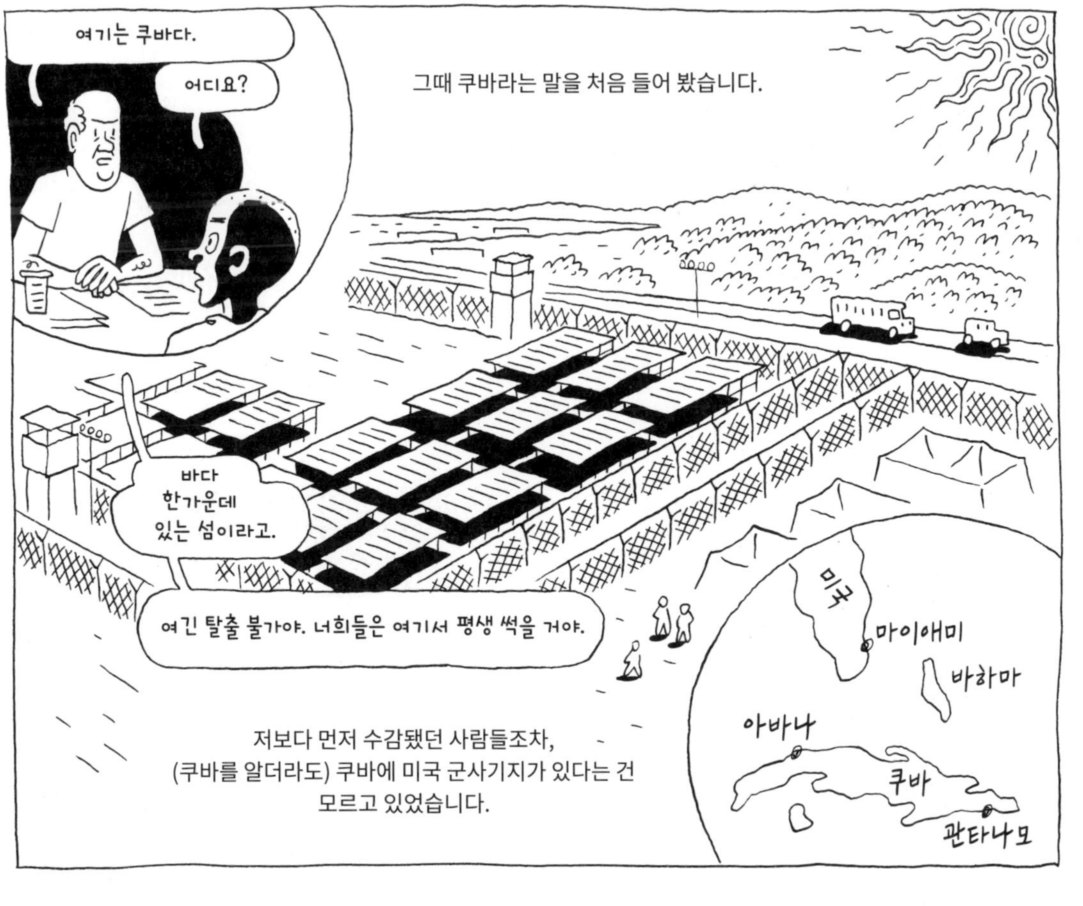

여기는 쿠바다.

어디요?

그때 쿠바라는 말을 처음 들어 봤습니다.

바다 한가운데 있는 섬이라고.

여긴 탈출 불가야. 너희들은 여기서 평생 썩을 거야.

저보다 먼저 수감됐던 사람들조차,
(쿠바를 알더라도) 쿠바에 미국 군사기지가 있다는 건 모르고 있었습니다.

미국
마이애미
바하마
아바나
쿠바
관타나모

관타나모는 그야말로 전쟁터 같았습니다. 총을 든 경비병에, 머리 위로는 헬리콥터가 날아다녔습니다. 우리가 위험한 진짜 범죄자로 보이는 게 미군의 의도였을 겁니다.

일주일에 한두 번씩 몸수색을 당했습니다. 그때마다 미군은 우리 손발에 쇠사슬을 채우고 몸 구석구석을 샅샅이 뒤졌습니다.

때로는 미군들이 제 팔다리를 통닭처럼 줄로 묶고 등 뒤에서 때렸습니다. 땅바닥에 얼굴을 박게 하고 사슬을 채우기도 했습니다. 그러면 열여섯에서 열일곱 시간 정도 꼼짝 못 한 채 누운 자리에서 소변을 봐야 했습니다.

미군들이 가장 추악해질 때는 아무것도 묻지 않고 그냥 고문만 할 때였습니다.

처음에는 매일 밤마다 심문이 있었습니다. 발가락에 전기 고문을 너무 많이 당해서 엄지 발가락 발톱이 뽑혀 나갔습니다.

맞다고 대답하지 않으면 고문을 당했습니다. 고문은 하루 종일 계속 되기도 했습니다. 심지어 미군이 제풀에 지칠 때도 있었습니다. 어떤 심문관은 아침에 와서 제가 대화하기 싫다고 하자 저를 경비병에게 맡겨 두고 저녁에 돌아오기도 했습니다.

저는 이렇게 대답하기도 했습니다.

어떻게든 고문이 끝났으면 하는 마음에 그랬습니다. 하지만 그 다음날 "아뇨, 어제는 고문이 힘들어서 거짓말한 건데요"라고 말했습니다.

미군들은 종종 다른 죄수들에 대해 질문하면서, 우리가 아프가니스탄에 함께 있었다고 주장했습니다. 구금된 죄수들 중 몇 명은 농간을 부리기도 했습니다. 예멘에서 온 야신 바사르다라는 사람이 있었는데 29세였습니다. 그는 옆 방 사람에게 말을 걸어 이것저것 묻기도 하고 진짜 정보와 거짓 정보를 섞어서 말을 지어내기도 했습니다.

야신은 제가 알-카에다 조직원이라고 거짓말을 했습니다. 사실 저는 그가 거짓말쟁이라는 걸 눈치채고 있었습니다. 그는 10명이 넘는 다른 죄수들에 대해서도 똑같은 거짓말을 했고 그 대가로 피자와 콜라를 받아먹었습니다.

모두 그 사실을 알게 되었고, 어떤 형제들은 그 자의 얼굴에 침을 뱉었습니다.

나중에 들으니 야신은 제가 풀려난 다음에 석방되었고 스페인으로 보내졌다고 하더군요.

관타나모 합동특무부대 수감자 평가

1. (기밀) 개인 신상 정보:
   - 합동 수감자 정보 관리 시스템/미국국방연구위원회 조회 성명: 무함마드 바사르다
   - 현 이름/본명 및 가명: 야신 무함마드 살리, 마지브 바사르다, 아부 무함마드, 야시르
   - 출생지: 샤브와, 예멘
   - 생년월일: 1974년 1월 11일
   - 국적: 예멘
   - 억류자 일련 번호: US9YM-000252DP

   ...

6. (기밀/내부용) 수감자 진술 평가: 수감자의 진술은 종종 일관되지 않고 방향을 잡기 어려우나, 상당 부분 신빙성이 있는 것으로 평가된다. 타임라인에 일부 모순이 있으며, 다른 수감자들을 동일 인물로 지목하지 않고 여러 다른 가명으로 지목한 바 있다. 수감자는 자맛 알-타블리히(비정부기구)에 가담한 사실을 인정했다. 이는 알-카에다가 조직원들의 해외 이동 및 자금 지원을 용이하게 하기 위한 목적으로 사용된 위장 전술의 일환으로 확인된 바 있다. 수감자는 알-카에다에 대해 방대하고 유의미한 전략 전술 정보, 이들의 극단주의 작전 및 활동, 조직 수뇌부에 관한 정보를 제공했다. 수감자는 또한 다른 수감자들에 대해 단일 정보원으로부터 확인된 정보를 제공했으며, 이 정보는 타 출처에서는 입증된 바가 없다.

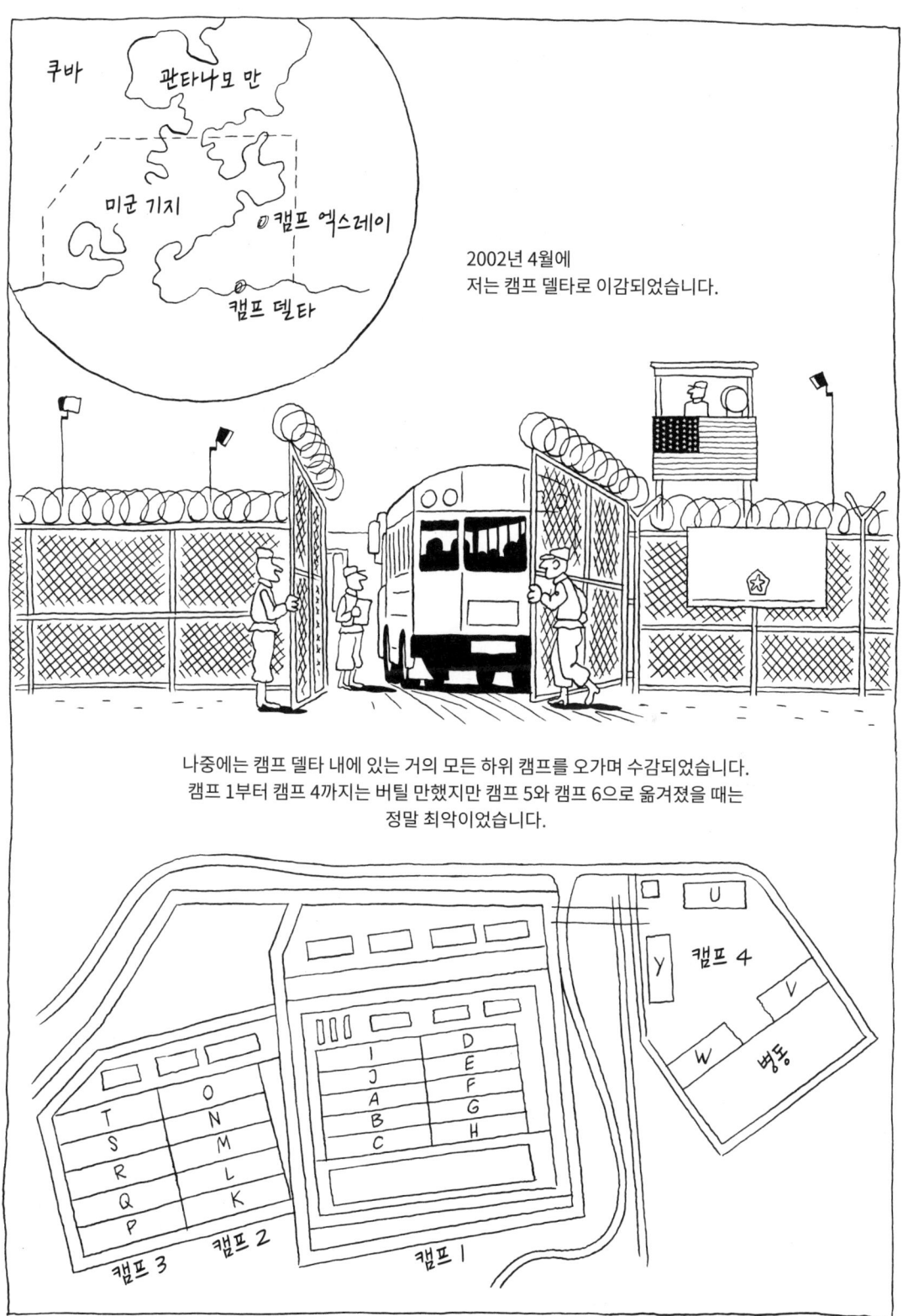

캠프 엑스레이에서는 온몸에 벼룩과 이가 달라붙었지만 씻을 수 없었습니다. 샤워는 3개월에 한 번 가능했습니다. 반면 캠프 델타에는 세면대가 있었지만 비누는 없었습니다. 그래서 저는 비누를 몇 개 훔쳐서 문 아래에 숨겨 놓았습니다. 착한 경비병 몇 명이 비누를 더 가져다주기도 했습니다.

표준작전지침(SOP, Standard Operating Procedures)이라 불리는 캠프 규정에 따르면 죄수들은 매주 두 번씩 샤워를 할 수 있었습니다.

4002. 샤워와 여가활동: 다음 스케줄은 샤워와 여가활동 시간에 적용된다.

	주간	야간
월요일	1-8조	9-16조
화요일	17-24조	25-32조
수요일	33-40조	41-48조
목요일	1-8조	9-16조
금요일	17-24조	25-32조
토요일	33-40조	41-48조
일요일	해당사항 없음	해당사항 없음

1. 샤워와 여가활동은 동시에 이뤄질 것이다. 각 동의 하사관이 수감자가 일주일에 두 번 샤워 및 여가활동을 할 수 있도록 담당한다. 활동 금지 등의 처벌 조치를 받은 경우는 예외로 한다.
2. 각 수감자에게는 20분의 여가 시간이 주어진다. 여가활동 직후에는 5분간 샤워가 가능하다. 수감자가 면도 및 제모를 원하는 경우 추가로 5분이 주어진다.

샤워 시간은 5분이었지만 몸에 비누칠을 하자마자 물이 끊기기도 했습니다. 일부 간수들의 짓이었습니다.

시간 다 됐다!

동료들과 11시까지 대화를 하면 점심시간이 되었습니다. 덜 익은 쌀밥이나 빵 조각이 나오기도 했습니다. 초반에는 고기, 생선은커녕 채소도 조금밖에 없어서 죽지 않을 정도로만 요기했습니다. 점심으로 대추야자 한 줌이 전부인 날도 있었습니다. 저는 점점 야위어서 몸무게가 41킬로그램이 채 되지 않았습니다. 배식 질이 형편없어서 수감자들이 자주 탈이 나거나 구토를 했고 그러면 경비병들이 아픈 사람을 병동으로 데려갔습니다. 점심을 먹은 후에는 할 일이 없었습니다.

오후 1시, 3시, 5시는 기도 시간이었습니다. 팔굽혀펴기, 앉았다 일어나기, 제자리 뛰기 같은 운동을 정말 많이 했습니다. 아무것도 안 하면 무릎이 아팠거든요.

관타나모에서 음악이라고 부를 만한 건 저런 게 전부였습니다. 그래서 제가 직접 노래를 만들어 불렀죠. 아랍어와 영어로 가사를 지어서 불렀는데, 다른 수감자들이 저를 따라서 노래를 불렀습니다. 제가 만든 최고의 히트곡은 바로 이 노래였습니다.

캠프 엑스레이에서는 죄수한테 마실 물과 씻을 물을 담은 양동이 하나, 대소변을 볼 양동이 하나를 주었습니다. 용변을 보고 "넘버 원"이나 "넘버 투"를 외치면 간수가 와서 양동이를 가져갔습니다. "넘버 원"은 소변, "넘버 투"는 대변이라는 뜻이었습니다.

우리는 철망 너머로 대변이 담긴 양동이를 경비병들에게 쏟아붓기 시작했습니다.

그때부터 수감자들이 간수들에게 '나쁜 짓'을 하면 넘버 투라고 부르기 시작했습니다. 간수들한테 침을 뱉거나…

문 틈으로 일부러 물을 쏟아서 간수들이 치우게 한다던가…

캠프 델타에서는 더 이상 양동이를 쓸 수 없도록 금지시켰습니다. 그래서 플라스틱 컵에 대변을 보고 던졌습니다.

저는 괜찮은 미군들한테 나쁜 간수들의 이름과 출신지를 물어봤습니다. 기억나는 녀석이 한 명 더 있는데, 그놈도 금발에 푸른 눈이었고 20대였습니다.

경비병들은 대부분 관타나모에서 1년씩 근무했습니다. 11월이 되면 쉴 수 있었죠.
새로 온 간수들과 이야기를 많이 나눴습니다.

거기!

우리는 서로 잘 모르는 사이야. 당신도 규칙을 따라야겠지.

하지만 우리도 당신과 같은 사람이지 동물이 아니잖아. 우리에 대한 거짓말에 속지 말라고. 나도 좋아서 여기에 있는 게 아니고, 당신도 마찬가지잖아. "남에게 대접받고자 하는 대로 남을 대접하라."

나를 심판하겠다고 여기 온 건 아니잖아, 한번 잘 생각해 보라고!

경비병이 새로 올 때마다 말했습니다. 귀담아 듣는 사람도, 그냥 무시하는 사람도 있었습니다.

조용히 해!

간수들과 온갖 주제로 얘기했습니다. 어떻게 살아 왔는지, 캠프에서 어떤 일을 하고, 미국에서 어떤 삶을 사는지. 제가 미군들의 억양을 잘 따라했기 때문에 어떤 간수들은 제가 미국에 살았던 적이 있거나 심지어 미국인일 거라고 믿기도 했습니다.

오전에는 경비병들에게 오늘 경비 책임 장교*가 누구냐고 물어보기도 했습니다.
그날 일진이 좋을지 나쁠지, 하루가 길지 짧을지 알 수 있었죠.

* SOG(Sergeant of the Guard). 경비대대를 지휘하는 장교.

우리는 1년 내내 자주 대화를 나눴습니다. 타이슨은 이슬람교에 대해 많이 물어봤습니다.

나는 관타나모에 오기 전까지 미디어에서 무슬림이 우리를 증오한다고 듣고 믿어 왔어. 미국 사람들의 생활 방식이나 자유, 평등을 싫어한다고 말이야.

근데 내가 여기 와서 보니까 무슬림들은 서로를 존중하고 누가 다른 종교를 믿는다고 해서 미워하지도 않아. 네가 사람들을 불러서 『쿠란』을 읽고 기도하는 걸 봤어. 넌 여기서 제일 어리고 유일한 흑인인데도 다른 사람들이 네 말을 듣고 따르잖아! 무슬림은 인종차별을 하지 않아!

예언자가 살아 계실 때 가장 먼저 무에진◆이 되었던 빌랄◆◆도 흑인이었어.

타이슨은 아이스크림이나 초콜릿, 과자를 숨겨 뒀다 주기도 했습니다. 상관에게 들키면 잘릴 수도 있었죠. 하루는,

왜, 무슨 일이야?
이거 잘 숨겨 놔!

나 내일 떠나.
어디로?
미국으로!

우리는 아마 평생 다시 만나기 어렵겠지만, 여기 와서 나는 새롭게 눈을 뜨게 됐어. 미국으로 돌아가자마자 이슬람으로 개종하고 군대를 떠나려고.

타이슨, 평생 못 잊을 거야.
행운을 빌게, 형제여.

타이슨은 관타나모에서 만난 가장 선한 간수였습니다.

◆ 이슬람교에서 예배 시간을 알리는 사람.
◆◆ 이슬람교 역사의 첫 번째 무에진이었던 빌랄 이븐 라바(Bilal ibn Rabah)를 말한다.

착한 간수들은 대부분 흑인이거나 라티노(라틴 아메리카계 출신의 미국인)였습니다. 하지만 흑인 간수 중에서도 매우 나쁜 놈이 하나 있었는데, 이 자가 나타나면 죄수든 간수든 다들 겁을 먹었습니다. 우리는 그 사람을 "**파라오**"*라고 불렀습니다.

* 『쿠란』과 『성경』에서 모세와 유대인을 박해한 나쁜 파라오에서 가져온 것입니다.

저는 그 사람을 "**엉클 톰**"*이라고 불렀습니다.

* 미국에서는 소설 『톰 아저씨의 오두막』에 등장하는 인물에 빗대어 백인에게 협조하는 흑인을 종종 이렇게 부릅니다.

죄수들이 우울하거나 아프면, 그게 곧 못된 간수들의 행복이었습니다. 물론 저는 그 사람들이 그런 식으로 행복해하는 걸 원치 않았습니다. 그래서 심문을 받고 방으로 돌아와서도 계속 웃고 있었습니다.

형제들은 제가 지혜롭다며 "순불"(سنبل, '곡식의 이삭'이라는 뜻)이라고 부르기 시작했습니다.
이삭은 『쿠란』에 등장하는 "소" 수라(장)에서 따온 것입니다. "자신의 부를 알라의 뜻대로 쓸 줄 아는 사람들의 우화는 일곱 개의 이삭이 돋아나는 곡식의 우화와 마찬가지며, 하나의 이삭에서 백 개의 알맹이가 영근다."

저는 『쿠란』과 선지자들의 이야기를 많이 알고 있습니다. 알라께서 선지자를 시험에 빠뜨리는 슬픈 내용이 정말 많죠.
관타나모에서도 알라께서 우리를 시험하고 계신 것이라고, 우리의 인내심을 시험하신다고 믿고 견뎠습니다.

2003년부터 감옥에서 『쿠란』 소지가 허용되었습니다. 중간 크기에 녹색 표지인 『쿠란』을 받았습니다. 제 생각엔 『쿠란』을 허가한 데에는 두 가지 이유가 있었습니다. 하나는 언론에 우리가 정당하게 대접받고 있다고 보여 주려는 것, 다른 하나는 우리 눈 앞에서 『쿠란』을 모욕해서 도발하려는 것.

『쿠란』을 잘 닦아서 제자리에 놓았습니다. 제가 미국인 앞에서 『성경』을 걷어차는 일은 절대 없을 겁니다. 그들에게 신성한 책이니까요. 하지만 미군 발에 『쿠란』이 짓이겨지는 걸 보니 너무 괴로웠습니다. 미국인들이 저지른 최악의 만행이었죠. 죄수가 되기 전까지는 평생 상상해 본 적도 없는 일이었습니다. 간수들이 『쿠란』을 찢어 버리거나 심지어 변기에 던지는 일이 반복됐습니다.

관타나모에는 작은 새들이 있었습니다. 노란색, 빨간색, 파란색의 예쁜 새들이었습니다. 새들이 제 방 창문 가까이 날아와 지저귀는 소리가 들렸습니다.

언젠가 하루는 방에 앉아 있는데 미칠 것 같고, 슬프고, 화도 났습니다. 그날도 힘겨운 하루였습니다.

간수들이 창문을 노란 테이프로 막아 놓아서 햇살이 방 안으로 들어오지 못했습니다. 그런데 딱따구리 한 마리가 테이프에 동전만 한 크기의 구멍이 뚫릴 때까지 창문을 쪼아 댔습니다.

그 딱따구리가 매일 테이프에 구멍을 뚫는 바람에 간수들이 매번 구멍을 메워야 했습니다. 제 방 창문만 뚫은 게 아니었습니다. 쿠바에는 딱따구리가 정말 많지만, 감방 창문에 구멍을 뚫은 딱따구리는 이 녀석뿐이었습니다. 이 새한테 딱따구리 우디*라는 별명을 지어 주었습니다.

* 유니버셜픽쳐스영화사의 애니메이션에 등장하는 딱따구리 캐릭터.

간수들은 가끔 구멍을 메우지 않고 내버려두었고, 저는 그 구멍으로 자동차, 군인들, 하늘, 태양… 그러니까 바깥세상을 엿볼 수 있었습니다.

쿠바 공화국

미군 해병대

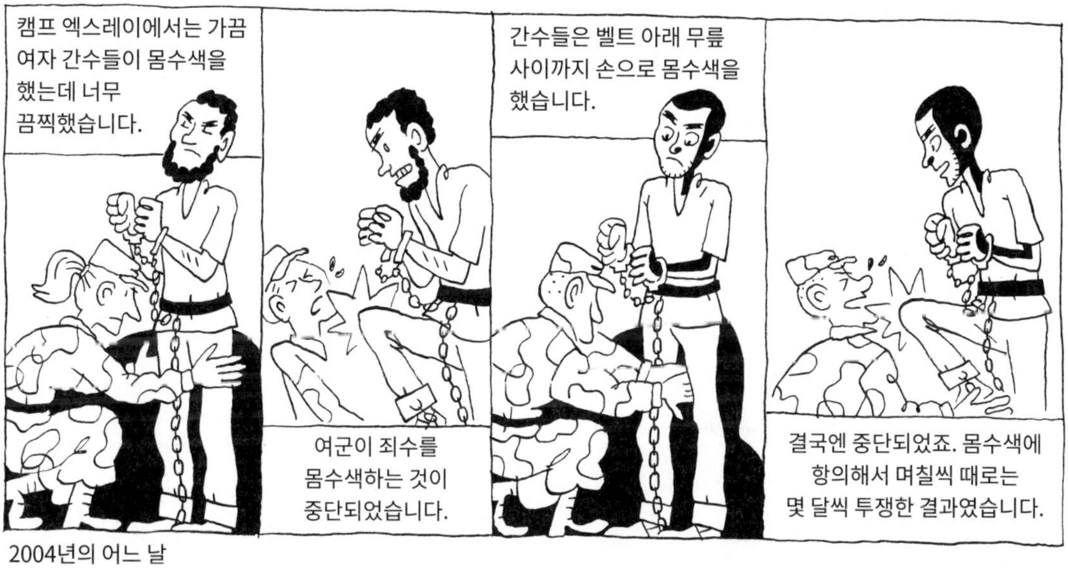

캠프 5는 이제 막 지어진 기지였습니다. 제가 최초의 수감자가 되었죠. 미군은 새 기지 테스트와 더 가혹한 심문을 위해서 40여 명의 죄수들을 이감했습니다.

269번, 이 기지는 너 같은 죄수들 때문에 만들어진 거야. 잘 협조해. 아니면 여기서 평생 살던가.

이 캠프를 다 짓고 나서 열쇠를 바다에 던져 버렸어.

내가 거짓말하는 것 같아? 여기 벽 튼튼한 것 좀 봐!

걱정 마라, 안 죽이고 계속 살려 둘 테니까. 나중엔 우리 아들이 너를 심문하고 있을 걸!

〈페이스 오프〉*라는 영화를 체포되기 전에 봤습니다. 캠프 5의 감옥은 영화 속 감옥처럼 이중으로 만들어진 거울 뒤 조작실의 컴퓨터로만 문을 열고 닫을 수 있었습니다.

* 존 우(오우삼)가 감독하고 니콜라스 케이지와 존 트라볼타가 주연한 영화.

감옥 안 조명은 너무 밝았고 24시간 내내 불이 켜져 있었습니다. 하루는 식사 후에 방의 전구를 티셔츠로 가렸습니다. 다들 저를 따라하기 시작했습니다. 미국인들이 그 대가로 저에게 벌을 주었죠.

캠프 5에서는 간수에게 무엇을 물어보든 같은 대답이 돌아왔습니다.

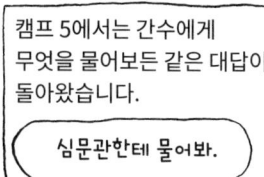

심문관한테 물어봐.

그리고 심문관들에게 무엇을 물어보든 역시 같은 대답이 돌아왔습니다.

간수한테 물어봐.

언제 바깥으로 외출해도 되는지 (보통 격주로 야외운동장에서 한 시간 허가), 언제 옷을 갈아입어도 되는지(보통 매주 일요일마다 허가) 물어봤습니다. 그러다 일이 터졌습니다.

우리는 석 달이나 같은 옷을 입고, 샤워도 못 했고, 아파도 치료를 못 받고, 야외 활동도 못 한 상태였습니다.

석 달이 지나자 우리 중 6~7명을 운동장으로 내보내 주었습니다. 야외운동장은 철망으로 나뉘어 있었고 사방이 울타리로 막혀 있었습니다.

한 시간이 주어졌습니다. 시간이 다 되자

형제들! 여기로 온 이후로 투쟁 없이 얻을 수 있는 게 하나도 없었어요. 간수가 아프면 저녁에 소음이 중단되고 우리가 기도해도 그냥 냅두잖아요. 자, 이제 방으로 돌아가시 않겠다고 합시다.

그리고?

그러면 간수들이 와서 때리고 후추 스프레이를 뿌릴 거예요. 이미 다들 알고 있겠지만, 고위 간부들의 관심을 끌어야 합니다. 그들이 무조건 펜타곤(국방부)에 보고를 할 수밖에 없도록 만들어야 해요.

그중 예멘 사람은 이미 등을 다친 상태였기 때문에 건강이 악화되지 않도록 방으로 돌아가라고 설득했습니다.

주변 방에는 형제들 여섯 명이 있었습니다. 그중 한 명이 샤케르 아메르였습니다.

샤케르 아메르는 저처럼 메디나 사람이었고, 같은 아랍어를 썼습니다. 샤케르는 제가 전에 들어 본 적이 있을 정도로 메디나에서 가장 부유한 가문의 사람이었습니다. 런던에서 오래 살았고 부인도 영국 사람이었습니다. 2001년에 가족들과 함께 아프가니스탄으로 이주해서 인권 운동 단체에서 활동을 하다가 체포된 것이었습니다.*

샤케르가 아프가니스탄에서 무슨 일을 했는지는 모릅니다. 관타나모 안에서는 서로 질문하지 않는다는 암묵적인 규칙이 있었습니다. 수감자 중에는 자신이 탈레반이나 알-카에다 조직원이라고 공공연하게 말하는 사람들도 있었지만 제가 보기엔 다 거짓말이었습니다.
감옥에 갇히면 누가 진정한 친구인지 눈에 보입니다.

저는 예멘에서 온 아흐메드나 쿠웨이트 출신인 파우지처럼 샤케르보다 더 어린 사람들과도 친하게 지냈습니다. 이 친구들에게 알-카에다 조직원이었는지 물어보지는 않았습니다.
그냥 함께 농담을 하고 웃었습니다.

조언이 필요할 때는 항상 샤케르를 찾았습니다. 그 사람이야말로 관타나모에서 저를 진심으로 도와준 친구였습니다. 저를 잘 돌봐 주었죠.

몇 달이나 샤케르를 못 만난 적도 있었지만, 간수들을 통해서 계속 조언을 구했고 나중에는 변호사를 통해서도 대화를 했습니다.
우리는 동향 출신이었고, 진짜 형제 같았습니다. 제 평생 제일 친했던 최고의 친구였습니다.

---

* 샤케르 아메르는 어떤 종류의 죄목으로도 기소된 적이 없었지만 재판을 받을 권리조차 얻지 못했다. 2007년에 미국 정부가 그에게 무죄 및 석방을 선고했지만 풀려나지 못했고 총 14년간 구금당한 끝에 2015년이 되어서야 석방되었다.

이들은 TV에 나오는 진압경찰(Riot Police) 같은 것으로, 간수 다섯 명이 헬멧을 쓰고, 팔꿈치 보호대, 무릎 보호대, 장갑을 끼고 있었습니다.*

* 이들은 "기동진압부대"(Immediate Reaction Force)라고도 불렸다.

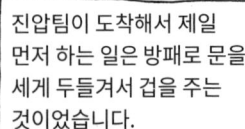

진압팀이 도착해서 제일 먼저 하는 일은 방패로 문을 세게 두들겨서 겁을 주는 것이었습니다.

미군의 표준작전지침에 따르면, 진압 대상이 순순히 진압에 응하고 바닥에 엎드린 상태에서 등 뒤로 손발을 보내 열중쉬어 자세를 취하면 후추 스프레이를 뿌리지 않아야 합니다. 진압팀은 그냥 방에 들어와서 사슬을 채우고 데려가면 끝이죠. 하지만 실제로는 우리가 엎드려도 스프레이를 뿌렸기 때문에, 우리는 절대 엎드리지 않았습니다.

"1번은 수감자를 방패로 진압하고 머리를 고정시킨다."

"2번은 수감자의 오른팔을 붙잡고 손목에 수갑을 채운다."

"3번은 수감자의 왼팔을 붙잡는다. 2번을 보조하여 수감자의 손목에 수갑을 채운다."

"4번은 수감자의 오른쪽 다리를 붙잡고 족쇄를 채운다."

"5번은 팀의 리더로 행동 전반을 담당한다. 육성으로 팀에게 지시한다. 수감자의 왼쪽 다리를 붙잡고 4번을 도와 수감자의 발에 족쇄를 채운다."

팀은 일렬로 서서 각자 앞 사람을 붙잡았습니다. 팀원 중 한 명에게 문제가 생기면 뒷사람이 그 자리를 채워야 합니다. 팀 멤버 외에도 후추 스프레이를 든 남자와 카메라로 촬영하는 사람이 동행했습니다. 부상을 대비해서 의료진이 대기하고 있었습니다.

2003년 캠프 델타에서 착한 간수에게 부탁해 표준작전지침을 빌려 본 적이 있었습니다. 그는 스물여덟이나 스물아홉쯤의 흑인이었습니다. 워싱턴 D.C. 출신이라고 하길래 그를 "초콜릿 시티"*라고 불렀습니다. 그가 몇 시간이나 몰래 지침을 보게 해 주었고, 심지어 제가 잘 모르는 부분은 소리 내 읽어 주기까지 했습니다. 그 당시에 저는 영어를 잘하지 못했거든요.

* 워싱턴 D.C.의 별칭으로, 아프리카계 미국인의 비중이 높다는 뜻이다.

진압팀이 제 방문 앞에 와 있었습니다. 죄다 저를 싫어하던 간수들이었습니다. 착한 간수들은 보통 자기 차례가 오면 미리 저에게 알려 주었고 심하게 때리지 않을 테니 걱정 말라고 했습니다.

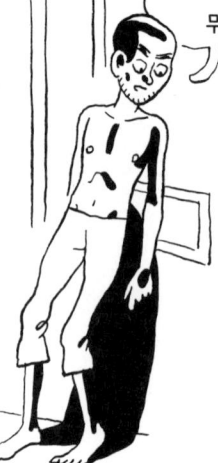

보통 코드 옐로우는 사망 위험이 있다는 것을 의미했습니다. 하지만 그 간수는 단지 다른 간수들을 부르려고 코드 옐로우를 말했죠. 코드 레드는 더 심각한 경우인데, 누군가 응답하지 않거나 죽은 상태를 의미했습니다.

많은 간수들이 결국 웃음을 터뜨리고 말았습니다. 손으로 입을 막고 겨우 웃음을 참았죠. 벌을 받을 게 두려워 상부에 보고하지 않으려고 했습니다. 그때 경비 책임 장교가 도착했습니다.

◆ 자메이카 출신 가수 밥 말리(앤드 더 웨일러스)의 유명한 노래 〈겟 업, 스탠드 업〉(Get up, Stand Up)의 후렴구(Get up, Stand up / Stand up for your rights! / Get up, Stand up / Don't give up the fight!)다.

책임 장교는 45세쯤으로 텍사스 출신의 멕시코계였습니다. 다른 책임 장교는 제가 침을 뱉을까 봐 곁에 오지도 못했지만, 저한테 스페인어로 숫자 세는 법을 알려 줄 정도로 친절했습니다. 그가 근무하는 날에는 아주 조용했습니다.

다른 형제들도 같은 주사를 맞았습니다. 주사를 맞고 6일이나 깨어나지 못한 사람들도 있었습니다.

권리를 위해서 싸울수록, 건강은 더 나빠져 갔습니다. 수감자들은 다 같이 단식투쟁에 돌입했습니다.
2005년의 단식투쟁이 제일 대단했습니다.

저는 무려 20일 동안이나 버텼습니다. 샤케르가 이 투쟁의 리더였죠. 샤케르가 캠프 책임자인 대령과 협상하는 데 성공해서 수감자들의 처우를 개선하겠다는 약속을 받았고, 그제서야 단식투쟁을 멈췄습니다.

범가너 대령

하지만 일주일 후   튀니지에서 온 히샴이 심하게 두들겨 맞았고 우리는 다시 단식투쟁에 들어갔습니다.

히샴 빈 알리 빈 아모르 슬리티

먹지도 마시지도 않은 탓에 저는 계속 몸이 아팠고, 어지럽고, 힘이 없고, 갈증이 심했습니다. 미군들은 제가 죽도록 놔두지 않았죠. 코에 튜브를 끼워 넣어서 강제로 음식을 주입했습니다.

한 달이 지나고 샤케르가 독방에 갔습니다.
샤케르는 1년이 넘도록 독방에 있어야 했습니다.

미군들은 터무니없는 규정을 수도 없이 만들어 냈습니다. 옆방과 대화 금지, 침대 위에 서 있기 금지, 방문 근처에 서 있기 금지, 용변을 볼 때 가리기 금지 등등. 여자 간수들이 수감자가 용변을 볼 때 재미 삼아 들여다봤습니다.

저는 형제들에게 항상 볼일을 보기 전에 몸과 창문을 가리라고 했습니다. 간수들이 못하게 하면 저는 문에다 오줌을 쌌죠. 그러면 간수들이 치워야 했습니다. 다른 형제들이 모두 저를 따라했습니다. 우리 동은 지린내가 진동했죠!

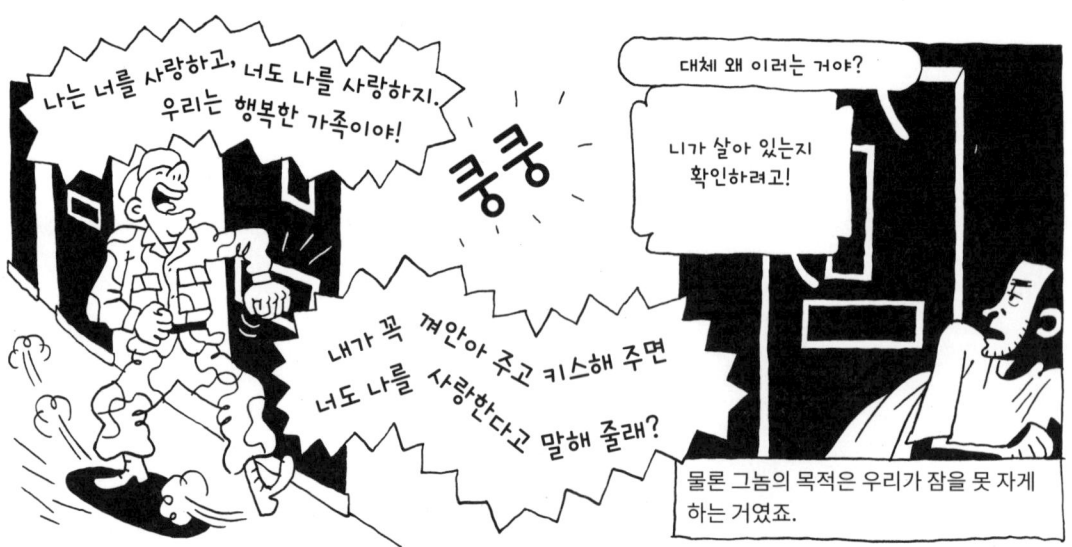

매일, 심지어 밤에도 진압팀이 와서 후추 스프레이를 뿌려 댔습니다. 정말 많이 맞았고 스프레이 때문에 몸이 타는 듯이 아팠습니다. 에어컨이 너무 낮은 온도로 작동해서 너무 추웠죠. 미군들은 청소를 구실로 방 안에 냄새가 지독한 화학약품을 들이부었습니다.

숨을 쉴 수가 없었습니다.

많은 수감자들이 자살을 시도했지만 성공한 사람은 한 명도 없었습니다. 하지만 미군은 당시 사망한 수감자 여섯 명이 다 자살했다고 주장했습니다. 제가 알기로는 항상 긍정적인 사람들이었기 때문에 이들 모두가 자살했다는 말을 믿을 수 없었습니다.

* 공식 수사에서는 자하라니가 다른 수감자 두 명과 함께 담요로 목을 매달아 죽었다고 보고했다. 반면 독립적으로 이뤄진 조사에서는 이 세 명이 고문 끝에 사망했다고 결론을 내렸다.

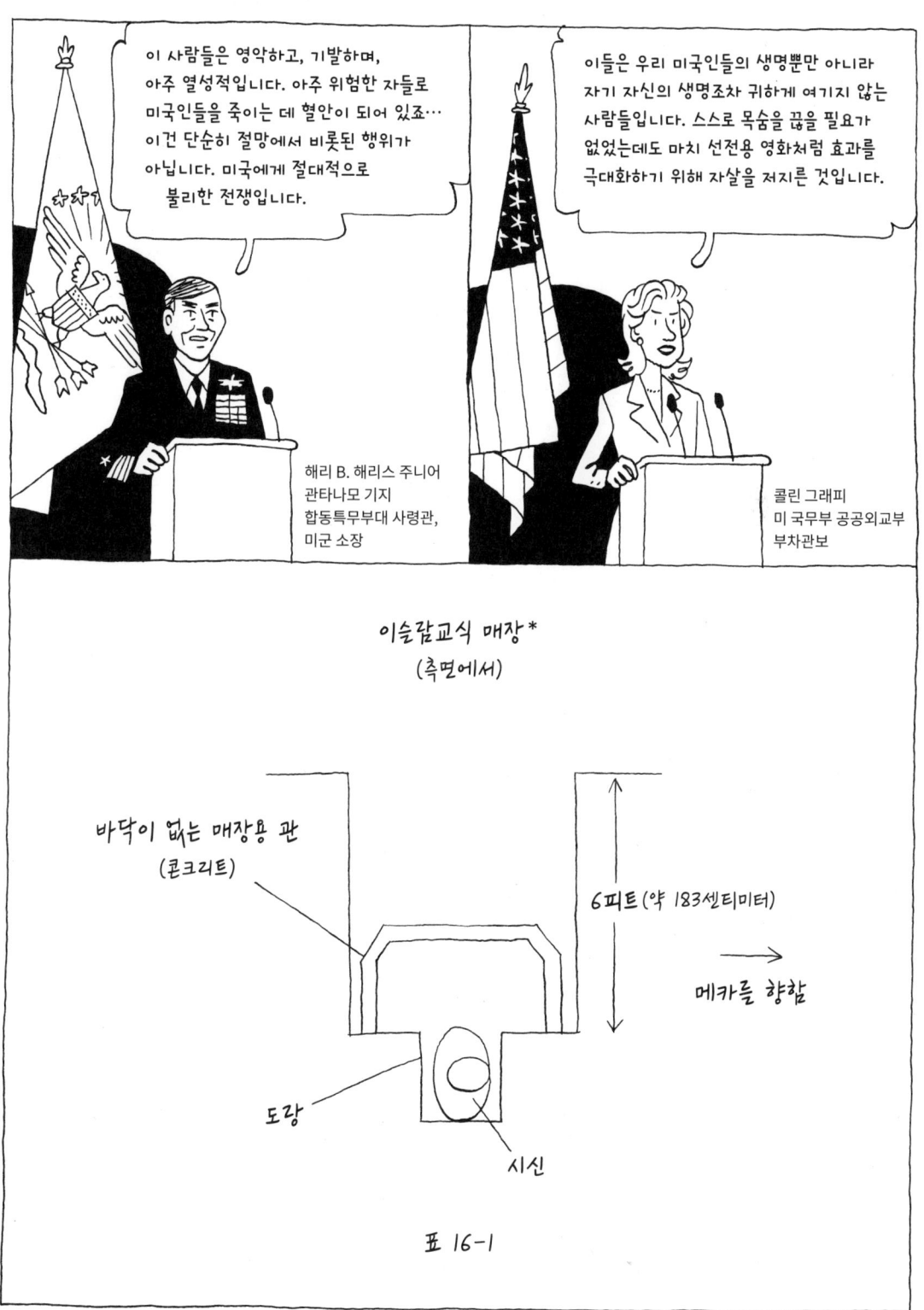

저 역시 자살을 생각해 봤습니다. 어떻게 해야 하는지는 잘 몰랐습니다. 방문의 쇠 부분에 손목을 긋는 방법으로 몇 번 자살을 시도했습니다.

천장에 옷을 묶어서 목을 매는 방법도 써 봤습니다. 간수들이 금세 와서 막았고 방을 바꿔 버렸습니다.

심리상담사가 와서 왜 이런 짓을 하냐고 물었습니다.

그 후에 또 자살을 시도했지만, 결국엔 포기했습니다.

『쿠란』에 등장하는 구절이 기억났기 때문이죠.

"그러니 스스로를 해하지 말아라. 알라께서는 진정 너에게 자비로우시다.
이를 위반하거나 불의로 자기 자신을 해하는 자에게는 그가 누구든지 불지옥 형벌을 내릴 것이다.
알라께 이는 너무나 쉬운 일이다."
수라 4:29-30

이슬람 세밀화에 따른 지옥

…만약 제가 스스로 목숨을 끊으면 지옥에 가게 되겠죠. 그래서 더 이상 자살을 생각하지 않았습니다.

말 한마디로 처벌을 받을 때도 있었습니다. 이 병동에는 분리 방을 포함해서 방이 48개가 있었는데, 그중 어떤 방에는 조명이 하나도 없었습니다. 미군이 저를 그 방에 집어넣었습니다. 칠흑 같이 깜깜해서 제 손도 볼 수 없을 정도였죠.

벽에 머리를 박다 보니 진짜로 미쳐 버릴 지경이었습니다.

캠프 6에서도 조용한 날이 없었습니다. 저는 일부러 간수들을 자극해서 진압팀을 불러오려고 했죠.
그런데 팀을 부르지 않는 겁니다!

제가 그 방에서 잘 지내는 것 같으면 다른 방으로 옮겼습니다. 제가 독방에서 잘 지내면 일반 방으로 옮겼습니다. 한번은 제가 간수를 때렸습니다.

그 덕분에 독방으로 가지 않았습니다. 물론 이 작전이 통하지 않을 때도 있었죠. 어찌 되었든 캠프 6이나 캠프 5나 마찬가지였습니다. 다른 캠프들보다 독방이 더 많았거든요.

이렇게 하면 진압팀이 출동할 게 뻔했기 때문에 나이가 많은 형제들한테는 참여하지 않아도 된다고 말했습니다.
그 동에 있던 24명의 수감자 중 17명이 동참했습니다. 그 "개새끼" 간수가 보초를 서는 날 일이 발각되고 말았습니다.

그날 밤, 사령관이 우리 동에 방문했습니다. 실내가 아주 추운 걸 확인했죠.

2004년까지 관타나모에는 변호사가 없었습니다. 간수들은 변호사를 불러 달라는 우리를 비웃었죠. 제가 아는 범위에선 처음으로 관타나모를 방문한 진짜 변호사가 바로 클라이브였습니다.

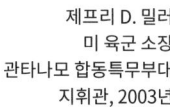

무함마드 씨, 이제 미국 정부를 상대로 법정투쟁에 들어갈 거예요. 언론의 관심을 끌 필요가 있습니다. 여기서 무슨 일이 벌어지고 있는지, 당신들이 어떤 대접을 받고 있는지 언론에 알려야 합니다.
여기에 미성년자 신분으로 체포된 수감자들이 있다는 사실도 알려야 합니다.
아프가니스탄에서 온 무함마드 자와드가 제 또래였어요.
여기 보세요. 미군은 우리를 고문했어요.
클라이브의 말대로, 바깥세상 사람들에게 관타나모에 갇힌 우리의 이야기가 알려지기 시작했습니다.
파키스탄에서 교사였던 사람도 있었고, 의사였던 사람도 있었습니다. 이들이 진짜로 알-카에다였을까요?
심문관들은 이제 초조해하기 시작했습니다. 2007년 2월에는
269, 내가 조언 좀 하지. 당신 변호사한테 2003년에 심문하러 왔던 FBI 요원 얘기는 안 하는 게 좋을 거야.
무함마드 씨, 이 사람은 진짜 FBI 요원입니다. FBI 요원들이 최후의 수단인 불법 심문 테크닉을 사용했는지 알고 싶어해요.
다른 기관에서 온 심문관들이 FBI 요원인 척 했는지도 궁금합니다.
FEDERAL
FBI
BUREAU OF INVESTIGATION
미 연방 수사국
당신을 심문했던 사람들에 대해 자세히 이야기해 줄 수 있습니까? 어떻게 생겼는지, 무슨 질문을 했는지?

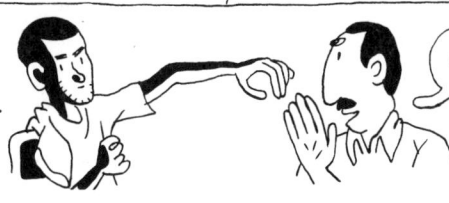

그날 오후 제가 관타나모에 온 이래 줄곧 입던 오렌지색 죄수복을 벗었습니다. 새로 흰색 죄수복을 받았죠.
흰색 옷은 석방 예정인 수감자를 의미했습니다.

미합중국 컬럼비아 지방법원

무함마드 엘-가라니)
　　　　청원인)
　　　　　　　　　)
　　　　　　　　　) 민사 소송 05-429번 (RJL)
대)
　　　　　　　　　)
조지 W. 부시, 외,)
　　　　피청원인)

지시 각서
(2009년 1월 14일)

청원인 무함마드 엘-가라니(이하 "청원인" 또는 "엘-가라니")는 쿠바 관타나모만 소재 미국 해군 기지 수감자다. 청원인의 주장에 따르면 미 대통령 조지 W. 부시, 국방부 장관 로버트 M. 게이츠,¹ 육군 여단장 제이 후드, 육군 대령 넬슨 J. 캐넌(이하 "피청원인" 또는 "정부") 등에 의해 불법으로 수감되었다. 2008년 12월 17일, 재판부는 구속적부심청구권을 엘-가라니에게 개시한 바 있다. 당일 오전, 양측 변호인은 공개 재판에서 기밀사항에 해당하지 않는 모두진술을 진행했다. 청원인 엘-가라니는 쿠바 관타나모만에서 실시간으로 모두진술을 유선상 청취했다.

본 법정에서 지금까지 재판을 진행한 타 사건들과는 다르게, 엘-가라니를 상대로 한 미 정부 측 주장의 근거는 관타나모만에 감금된 수감자 두 명의 증언에 상당 부분 의존하고 있다. … 사우디아라비아의 저소득층 가정에서 자란 미성년자인 청원인이 어떻게 런던에 주둔한 조직의 일원이 되었는지에 대한 명백한 의문은 차치하고서라도, 정부는 관련 주장을 입증할 증거를 제공하지 못하고 있으며 동료 수감자의 증언에 의존하고 있으나 이마저도 근거가 분명치 않다.

요약하면, 지금의 어설픈 근거와 내용으로는 청원인의 범죄 여부에 대한 사실이 적시되지 않는다.

판사 리처드 J. 리언

따라서 선고하기를…

피청원인은 외교적으로 적절하고 또 필요한 조처를 취해 청원인 엘-가라니를 즉시 석방할 것을 지시한다.

최종 선고

상기한 이유 및 추후 이 의견서의 기밀본에 적시된 이유로 인해, 청원인 무함마드 엘-가라니의 인신보호영장 신청을 **허가할 것을 명령한다.**

또한 피청원인은 외교적으로 필요하고 적절한 모든 조처를 취해 청원인 엘-가라니를 즉시 석방할 것을 **명령한다.**

위와 같이 선고한다.

리처드 J. 리언
미국 지방법원 판사

재커리 카츠넬슨

엄청난 결과입니다! 리언 판사는 오늘 정의를 구현했습니다. 겨우 14세에 불과한 어린 청소년이 파키스탄에 의해서 불법적으로 체포되었습니다. 애초에 체포당할 이유가 전혀 없었습니다. 엘-고라니 씨는 관타나모에서 억울하게 인생의 3분의 1을 보내야만 했습니다…

미합중국
법원 청사

2008년 11월 4일, 버락 오바마가 미국 대통령으로 당선되었습니다. 형제들은 다들 기뻐했지만 저는 그렇지 못했습니다. 저는 여전히 에코 동에서 격리 수감되어 있었거든요.

2009년 1월 14일에 리언 판사가 저를 석방할 것을 명령했습니다.

1월 20일, 버락 오바마가 백악관에 입성했습니다. 그리고 1월 22일에는

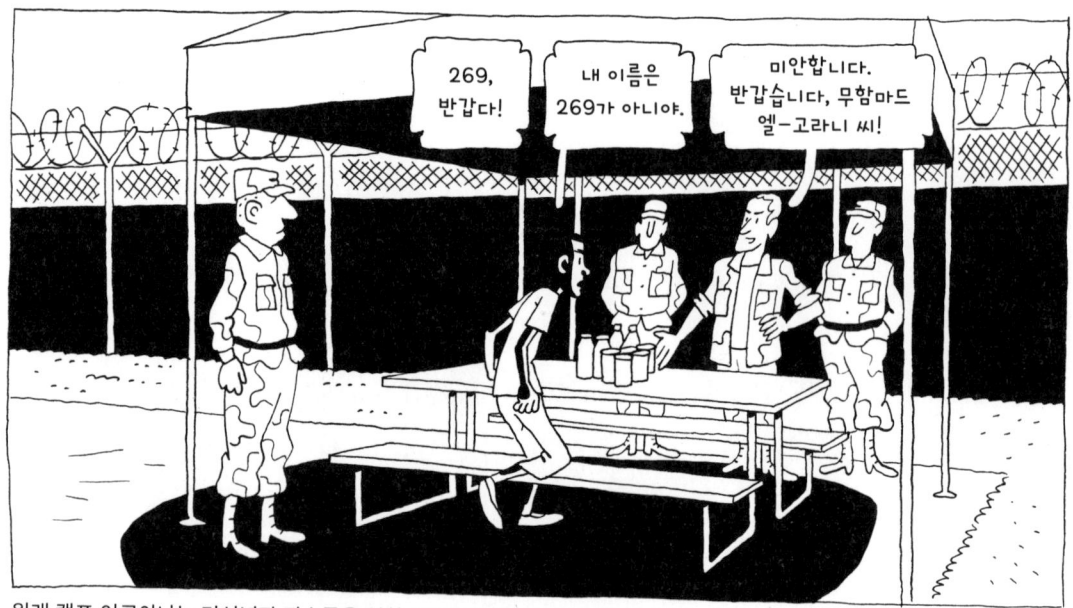

그 미군의 말대로 캠프 이구아나는 더 개방적이고 좋은 환경이었습니다. 수감자는 20명밖에 되지 않았는데 대부분 위구르족* 사람들이었습니다. 방 하나를 4명이 함께 썼습니다. 방문이 열려 있어서 다른 방의 형제들을 만날 수도 있었습니다.

7년 만에 처음으로 저는 베개와 진짜 담요를 갖게 되었습니다. 냉장고와 전자레인지 그리고 책도 있었습니다. 저는 애거사 크리스티의 책을 읽었죠. 아프리카계 미국인들의 역사를 다룬 『뿌리』라는 책도 좋았습니다.*

다른 캠프에서는 샤워할 때 사슬이나 수갑을 채웠지만 이구아나에서는 그러지 않았습니다. 여기서는 원할 때 언제든지 샤워를 할 수 있었죠! 민간인 옷을 입을 수도 있었습니다. 바다를 보면서 상쾌한 공기를 마시고 모래를 만질 수도 있었습니다. 이구아나들이 캠프 바로 앞 모래 위까지 올라와서 자주 보였습니다.

* 2001년, 중국의 소수민족이자 무슬림인 위구르족 사람들이 파키스탄에서 체포되었다. 무함마드의 경우와 마찬가지로 미국 관계자들에게 1인당 5,000달러에 팔렸다. 위구르족 사람들은 다른 나라 정부에서 그들을 받아 줄 때까지 몇 달씩 캠프 이구아나에 있어야 했다. 이들 중 6명은 태평양 연안의 팔라우섬으로 보내졌다.
* 『뿌리』는 알렉스 헤일리의 소설이다. 작가 헤일리의 가족이 미국에 노예로 끌려온 이후 이야기를 다룬다.

하지만 캠프 이구아나에서도 미군들은 어이없는 방식으로 수감자들을 자주 괴롭혔습니다.
예를 들면, 통금시간인 9시에는 모두 자기 방으로 돌아가야만 했습니다. 그 얘기를 듣자마자 저는 이렇게 했죠.

어떤 못된 놈들은 음식을 아주 적게 배식하거나 남은 음식을 버리는 짓을 하기도 했습니다.

그곳에서 많은 규정을 바꿀 수 있었습니다. 문제 대부분은 간수들에 의해 발생했습니다. 일부는 그저 재미로 수감자를 괴롭혔습니다. 저는 7년을 관타나모에 있었기 때문에 감옥 시스템을 잘 알고 있었습니다. 우리가 문제를 일으키면, "빅 독"들이 오고 상황이 개선된다는 걸 알았습니다.

캠프 이구아나에서는 2주에 한 번씩 가족과 전화 통화가 가능했습니다. 하지만 이집트인 통역관이 상주하며 통화 내용을 듣고 아무 때나, 아무 이유도 없이 끊어 버렸습니다.

사우디의 적신월사가 우리 가족을 메디나에서 비행기로 한 시간 거리인 리야드로 불렀습니다.
부모님은 지난 7년 동안 제 생사조차 몰랐죠. 우리 가족은 모두 굉장히 감격했습니다.

제 인생은 나아졌지만, 다른 형제들은 여전히 고통받고 있었습니다. 3일 동안 계속 캠프 에코로부터 후추 스프레이 냄새가 났습니다.

일요일에 작전을 실행하기로 했습니다. 일요일은 "빅 독"들이 쉬는 날이거든요. 라흐다르가 망을 보았고 저는 거실의 카메라를 가렸습니다.

* 알자지라의 카메라맨 사미 알-하즈(Sami al-Hajj)는 체포된 후 관타나모 수용소에서 6년간 구금당했다. 그의 죄목은 "체첸 공화국, 코소보, 아프가니스탄에서 교육 프로그램, 방송 설비, 뉴스 수집 작전" 등을 취재한 것이었으며, 테러리스트 조직과 접촉한 "혐의" 또한 포함되었다. 알-하즈는 2008년에 석방되어 카타르 소재의 알자지라로 복직했다.

21세의 무함마드 엘-고라니는 관타나모에서 6년이나 갇혀 있었습니다. 그는 곧 석방될 예정입니다. 하지만 현재 관타나모 감옥 내 캠프에서 여전히 대기 중입니다. 엘-고라니가 감옥에서 알자지라의 카메라맨이자 동료 수감자였던 사미 알-하즈에게 전화를 걸어왔습니다.

…그러니까 제가 스스로 방에서 나가는 걸 거부했다는 겁니다. 미군은 제 권리를 무시했어요! 전 그저 운동을 하거나 다른 수감자들을 만나고, 정상적인 식사를 하는 것 같은 기본적인 권리를 주장했을 뿐이에요. …

헬멧을 쓴 군인들 여섯 명이 제 방으로 들어왔어요. 옆에는 카메라를 든 군인 한 명과 최루 가스를 든 군인 한 명도 있었어요. 고무 또는 플라스틱 재질의 아주 두꺼운 곤봉으로 저를 때렸어요.

최루 가스를 거의 두 통 가까이 뿌려서 저는 말을 할 수 없었고, 눈물이 줄줄 흘러내렸어요. 앞도 보이지 않았고 말소리도 들리지 않더라고요. 미군들이 저를 다시 바닥에 때려눕혔어요. 저는 미군 상관한테 막 소리를 질렀어요. "이 사람이 하는 짓을 보라고요! 여기 좀 봐요!"라고 했더니 그 상관은 그냥 웃더군요. "자기 할 일을 하는 건데 뭘"이라고 했어요. 이 사람이 제 이빨도 부러뜨렸어요. 당연히 피가 나는 건 촬영하지 않았죠. 제 등 뒤에서만 찍어서 카메라에 안 잡혔어요.

차드 출신의 청년은 파키스탄에서 체포되었을 때 불과 15세였습니다. 알-카에다 조직원이라는 의심을 받아 관타나모로 이송되었습니다. 석 달 전, 미국 연방법원의 판사가 엘-고라니를 석방하라는 명령을 내리면서, 엘-고라니를 구금할 만한 증거가 없다고 말했습니다. 그 후로 엘-고라니 씨는 임시 시설에서 지내고 있으며, 가족에게 전화 연락을 할 수 있습니다. 그에 따르면 오바마 대통령이 2009년 말 관타나모 수용소의 폐쇄를 명령했지만 수감자에 대한 처우는 아무것도 달라지지 않았다고 합니다.

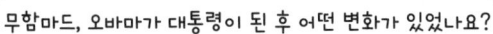

무함마드, 오바마가 대통령이 된 후 어떤 변화가 있었나요?

아무것도 없어요. 여전히 열악한 처지입니다. 혹시 예멘에서 온 ▬▬▬ 기억하세요? 미군한테 맞아서 이빨이 부러졌어요. 여전히 변한 게 없어요.

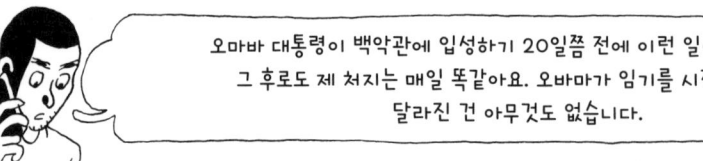

그날 이후 저는 캠프 델타로 옮겨지는 처벌을 받았습니다. 그 당시 캠프는 텅텅 비어 있었습니다. 제가 유일한 수감자였고 그 동에는 저 혼자뿐이었습니다. 거기서 3주를 보냈습니다.

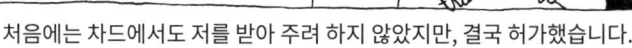

처음에는 차드에서도 저를 받아 주려 하지 않았지만, 결국 허가했습니다.

마무드 아담 베시르
주미 차드 대사

주제: 차드 : 외무부 회신

¶B. 은자메나 445   ¶1.

관타나모 사건 번호: A. SECSTATE 70395
(민감 사안. 기밀 해당 없음) 요약: 데비 대통령은 외교부를 통해서 차드 국민으로 관타나모에 수용된 무함
마드 알가라니(일명 유수프 압키르 살리 알 카라니)의 석방을 위한 절차를 명령했다.

참고: 데비 대통령이 알가라니의 석방을 종용하기로 한 결정은 영국에 주재하는 형 집행 유예 운동 단체
"리프리브" 소속 활동가들이 차드 고위공직자를 방문하여 본 사건에 대해 논의한 것에서 촉발된 것으로
보인다.
...
데비 대통령을 위해 내부 보고서가 작성되었으며, 이는 리프리브 법무 국장 재커리 카츠넬슨(해당 보고서
에서는 미국인 변호사로 표기됨)과 대통령실 내각의 부수석 마하마트 살레 아둠 사이에 있었던 회의 내용
을 포함한다.
...
아둠이 언급하기로, "우리 나라의 국민들이 해외에서 자의적으로 억류된 상황을 좌시할 수 없으므로… 우
리 국민이 분명 명예롭지 못한 이유로 계속 억류된 상황은 분명 전 세계에서 국가 이미지를 개선하기 위
한 노력에 치명적일 것이다". 그는 "대통령께서… 정부에 알 가라니가 귀국할 수 있도록 필요한 모든 외교
적 조처를 취할 것을 명령해야…". -- 데비 대통령이 이에 대한 응답으로 수기로 적은 메모 내용: "그의 석
방을 위해 외교적 조치를 취할 것."

은자메나 주재 미국 대사관에서
보낸 전보에서 발췌.
2007년 11월 9일자.
『위키리크스』에서 공개.

도무지 잠이 오질 않았습니다. 앞으로 무슨 일이 벌어질지 걱정이 되었습니다. 제 인생에서 가장 긴 비행이었습니다. 손목에 채워진 수갑이 너무 조여져 있어서 아팠고, 한쪽 귀도 아프기 시작했습니다.

그리고 나니 주변에 있던 간수들이 전부 다 보였습니다. 세어 보니 50명이 넘었습니다.

우리가 탄 비행기는 이라크로 곧장 향했습니다.

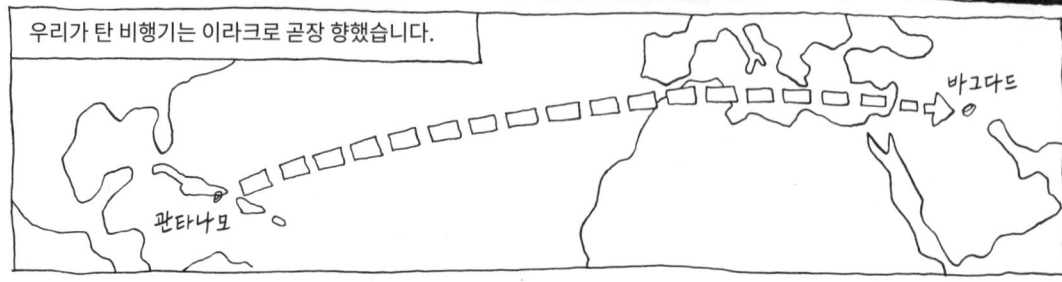

아침이 되자 리프리브 변호사들이 와서 제가 왜 구금되어 있는지 물었습니다.
일주일쯤 지나서 겨우 풀려났습니다.

내무보안부 장관이 계획을 변경한 탓이었습니다. 고란족 사람들 중 상당수가 반군으로 활동했고, 우리 친척 중에도 반군이 있었습니다. 그 때문에 장관은 저도 반군이라고 의심해 감옥으로 보낸 것이었습니다.

> ...
> 6월 19일 대리 대사가 미국 주재 차드 대사 마무드 아담 베시르와 간담을 가졌다. 베시르는 6월 11일 차드 정부 측 일원으로 미 정부에 구류되어 있던 알-카라니를 맞이했으며, 현재 은자메나에서 본 사건을 담당하고 있다. 베시르에 따르면 차드 정부는 알-카라니가 스스로 입장을 정할 때까지 지켜보기를 원한다고 강조했다. 그러나 알-카라니를 계속 구금하거나 기소할 근거는 없는 것으로 보인다.
> ...

주은자메나 미국 대사관 전보 중 일부.
2009년 6월 19일자. 『위키리크스』에서 공개.

며칠이 지나고 미개간 지역인 무소로에서 친척들이 저를 찾아왔습니다. 어머니의 형제인 하미드와 무함마드 삼촌도 계셨죠. 아버지의 먼 친척분들과 친구분들도 함께 오셨습니다. 대추야자, 전통 의상인 젤라비야, 터번 같은 선물을 가져다주셨습니다.

친척들은 모두 무소로나 살랄 지역에서 낙타로 이동하는 유목민으로 살고 있었습니다. 그곳 사람들은 너무 가난해서 가진 것이 아무것도 없었습니다.

절망 그 이후의 삶
알-고라니가 친척을 만나 환호하다
관타나모 수감자였던 차드 출신의 젊은이가 가족과 상봉

알-고라니는 21세지만 그보다 열 살은 더 나이 들어 보인다. 듬성듬성 난 수염이 얼굴을 덮고 있었다. 그럼에도 젊은 나이와 작은 키에 걸맞지 않게 그의 눈은 반짝이고 있었다. 피곤해 보이는 얼굴은 건강 상태를 짐작케 한다. 무함마드 알-고라니는 차드 출신으로 최근 (쿠바 소재의) 관타나모 미 수용소에서 석방되었다. 알-고라니는 2009년 6월 22일 월요일, 의사를 만나서 항생제를 처방받았다. 알-고라니는 은자메나에 처음 도착한 후 차드의 열기와 음식에 적응하는 데 여전히 어려움을 겪고 있다. 무함마드 알-고라니는 사우디아라비아에서 태어나고 자랐다. 현재 친척들이 알-고라니를 환영하며 지속적으로 방문하고 있다. 가까운 친척들 중 한 명이 알-고라니가 자신들이 소유한 주거지인 제8구역 디구엘 앙가보 지역에서 살도록 배

무함마드 알-고라니

알-고라니와 친척 일가가 디구엘에 모여 있다

려해 주고 계속 돌봐 주고 있다.

'처음 실종되었을 때는 다들 알-고라니가 살아 돌아올 거라는 희망을 버렸습니다'라고 외삼촌인 무함마드 압데라만 씨가 말했다. 실종 후 처음으로 알-고라니가 파키스탄에서 체포되어 관타나모 수용소로 끌려갔으며 살아 있다는 소식이 전해진 것은 2006년 6월 중순 경이었고, 이를 전한 사람은 유럽에 거주하던 가까운 지인이었다. 그 후 각자 국적이 다른 4명의 변호사들이 모여 알-고라니를 변호하기 시작했다. 무함마드 알-고라니는 불과 14세의 나이에 파키스탄 비밀경찰에 의해 체포되었으며, 곧 (미국 첩보 및 방첩 기관인) CIA에 '팔아' 넘겨진 것으로 보인다. CIA는 알-고라니를 관타나모로 이송시켰으며 7년간 구금했다. 무함마드 알-고라니의 친척들은 체포와 구금 상황에 대해서도 말을 이었으며, 이번 주 알-고라니의 변호사 두 명이 도착할 때까지 기다리겠다고 전했다.

4쪽에서 계속

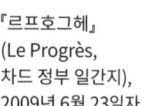

『르프호그헤』
(Le Progrès,
차드 정부 일간지),
2009년 6월 23일자.

고란족 말을 다 잊어버려서 한마디도 알아듣지 못했습니다. 심지어 사우디아라비아에 있는 사촌들 이름마저 잊어버렸죠. 사촌들이 전화를 걸어왔는데 전혀 기억이 나지 않았습니다!

다섯 달 정도는 고란족 친척 집에 머물렀습니다. 그는 디구엘 앙가보 지역에서 작은 사업체를 운영했습니다. 집에는 전기와 물이 없었습니다. 음식은 사람들이 가져다주는 것을 먹었습니다. 이후 그가 이사를 갔고 저는 그 집에서 떠나야 했습니다.

그다음 6개월 동안은 국제 적십자 위원회에서 뤼데카랑트메트르가에 있는 방을 임대해 줘서 고란족, 사우디아라비아 출신의 룸메이트 여섯 명과 함께 살았습니다.

차드 사람들의 사고 방식은 제가 이해하기에 어려웠고 그래서 누구와도 어울리지 못했습니다.

일자리를 구하려고 애를 쓴 끝에 고란족 출신이 소유한 옷가게에서 옷을 판매하는 일을 하게 됐습니다. 하지만 차드 화폐에 익숙하지 않아서 자꾸 실수를 하는 바람에 일을 그만두게 되었습니다. 이후 사업 아이디어가 떠올랐고, 저처럼 관타나모에서 석방되어 두바이에 살고 있던 한 형제에게 전화를 걸어 이야기를 꺼냈습니다.

이 형제가 자비로 세탁기 2대와 드럼 건조기 2대를 항공편에 보내 주었습니다. 하지만 관세를 낼 돈이 없었죠. 기계들은 6개월 동안 공항에 묶여 있었습니다.

그 사이 저는 컴퓨터 앞에 앉아 시간을 보냈습니다.

오후에는 친구들과 축구를 했습니다. 조깅도 해 봤지만 허리가 아팠습니다. 고문이 남긴 후유증이었습니다.

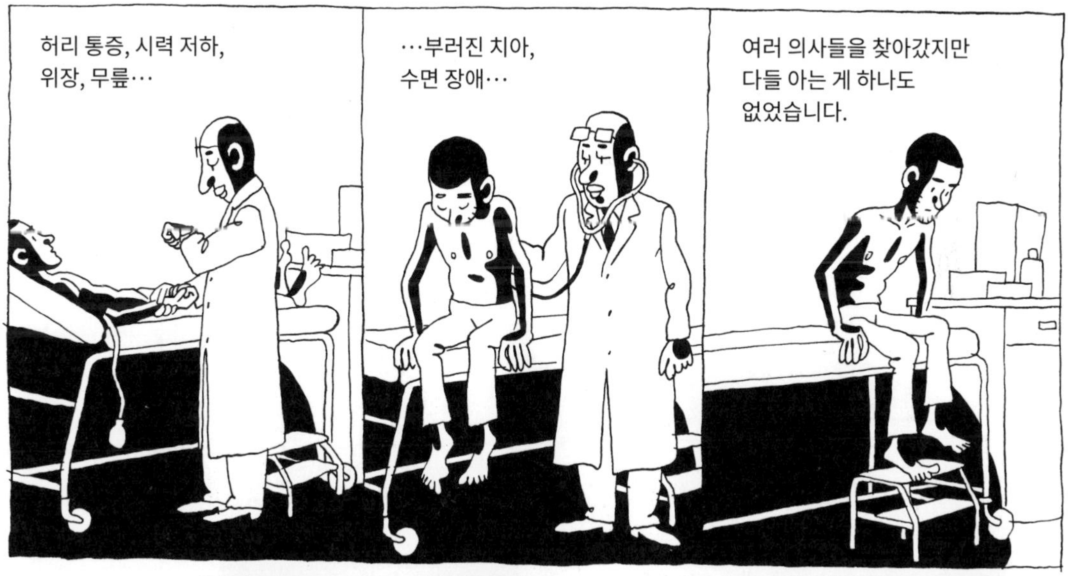

도착 이후로 차드 정부가 저를 계속 괴롭혔습니다. 부족 사람들은 처음에는 저를 반갑게 맞아 주었지만 점점 저와 만나는 것을 무서워하기 시작했습니다. 여러 이유로 차드를 떠나고 싶었습니다.

사실 은자메나에 도착하자마자 차드 비밀정보부에서 전화를 걸어왔습니다.

비밀정보부는 제가 차드를 떠나고 싶어 하는 걸 알고 있었습니다.
떠나기 위해선 여권이 필요했지만, 차드 정부로부터 여권 발급을 거부당했습니다.

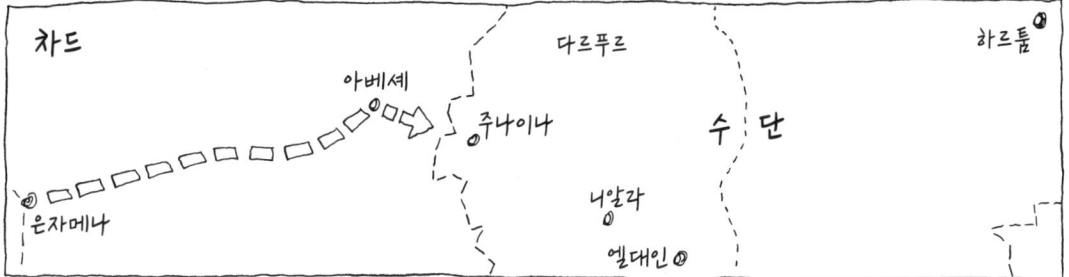

아베셰로 향하는 버스를 탔습니다. 아베셰에서 수단의 주나이나까지 픽업 트럭을 타고 갔습니다. 등 통증 때문에 운전석 옆자리에 앉아서 가다 보니 돈을 두 배로 내야 했습니다.

차드 국경 검문소에서는 아무것도 묻지 않았습니다. 아무 관심도 없었던 거죠. 수단쪽 검문소에서는 왜 수단으로 왔는지 물었습니다.

주나이나에서 하르툼으로 향하는 호송 트럭에 자리를 얻었습니다. 하르툼으로 돌아가는 식량 지원 차량을 군인들이 호송하는 트럭이었는데 크기가 어마어마했습니다. 머리 위로 헬리콥터들이 날아다니기도 했습니다.

다르푸르에서 전쟁의 흔적을 보니 슬퍼졌습니다. 불에 타 버려 아무도 살지 않는 마을을 몇 개나 지나쳤습니다.

여기는 전쟁이 일어나기 전까진 천국이었어요… 아주 푸르러서 잠시 쉬었다 가기엔 딱이었지. 이젠 더 이상 안전하지 않아서 겁이 납니다. 호송대가 없었으면 우린 다 죽었을지도 몰라요…

정부 사람들도 이 캠프에는 못 들어와요. 여기 사는 사람들은 정부 때문에 가족을 잃었기 때문에 이 사람들 손에 죽을 수도 있거든. 정말 많은 이들이 고통받거나 죽었어요.

다르푸르는 아름다운 곳이지만, 정부는 여길 그냥 방치해 버렸어요. 제대로 된 도로, 병원… 아무것도 없지. 약도 없고 아무런 지원도 없어요. 여기 사람들은 아랍인이 아니라서 정부에서는 무슨 문제가 생기거나 말거나 신경도 쓰지 않아요.

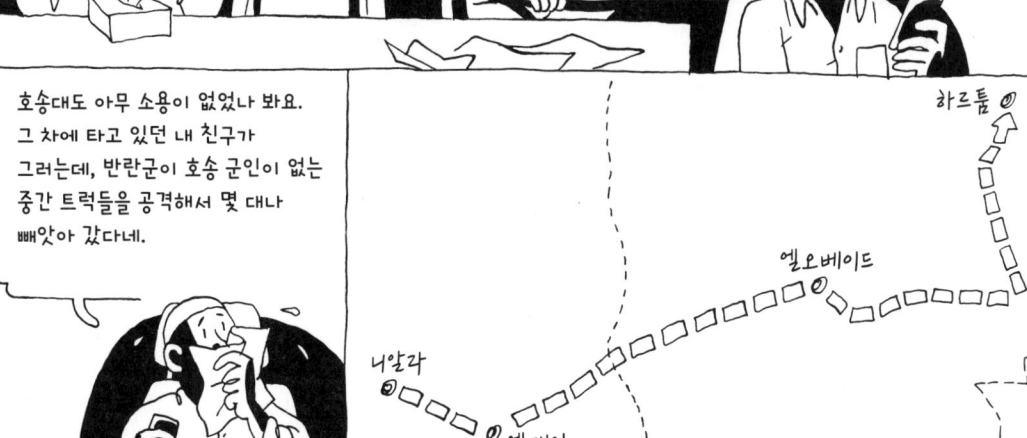

하르툼에 도착해서 왈리드와 아딜에게 전화를 걸었습니다.

바로 마음이 편해졌습니다. 하르툼 사람들은 은자메나 사람들과는 달랐습니다. 차드에서는 낯선 사람에게 휴대전화를 빌려주면 바로 훔쳐서 도망가거든요!

아딜 하산은 2007년 관타나모에서 석방되었습니다.

저는 한 달에 가까운 긴 여행 때문에 너무 지치고 배가 고프고 목이 마르고 어지러웠습니다. 이동하는 기간 내내 같은 옷을 입고 있었습니다.

좋은 방에 에어컨이 있었고, 침대와 잡지, 책도 있었습니다. 너무 좋았습니다. 아침 내내 자고 오후 늦게까지 더 잤습니다. 6시가 되어서야 겨우 일어났고 저녁을 먹은 후 형제들과 함께 시내 정원으로 나갔습니다.

사미한테도 제가 깜짝 선물이었죠. 제가 하르툼에 와 있다는 것을 몰랐기 때문이었습니다.

저는 사미의 집으로 갔습니다. 다음 날 아침 다른 관타나모 수감자 출신 형제가 자기 집에서 아침 식사를 하자며 초대했습니다.

하마드 암논, 2005년에 석방.

수단에는 관타나모 출신이 10명 정도 있었습니다. 저는 매일 아침 저녁으로 사람들의 초대를 받아 식사를 했습니다.

도착하자마자 아딜이 저를 메카 안과 병원으로 데려갔고 모든 치료 비용을 내주었습니다. 관타나모에서 심문받을 때 줄곧 색 조명을 눈으로 바로 쬐는 바람에 시력에 문제가 생겼습니다. 수단 의사는 녹내장 탓에 시력을 잃을 수도 있다고 했습니다! 수술을 해야 했습니다. 그 사이에 일단 아주 작고 멋있는 사각형 안경을 쓰라고 했습니다.

다시 의사를 만나 진찰을 받기 위해 예약을 해 두었습니다. 하지만 그 후에…

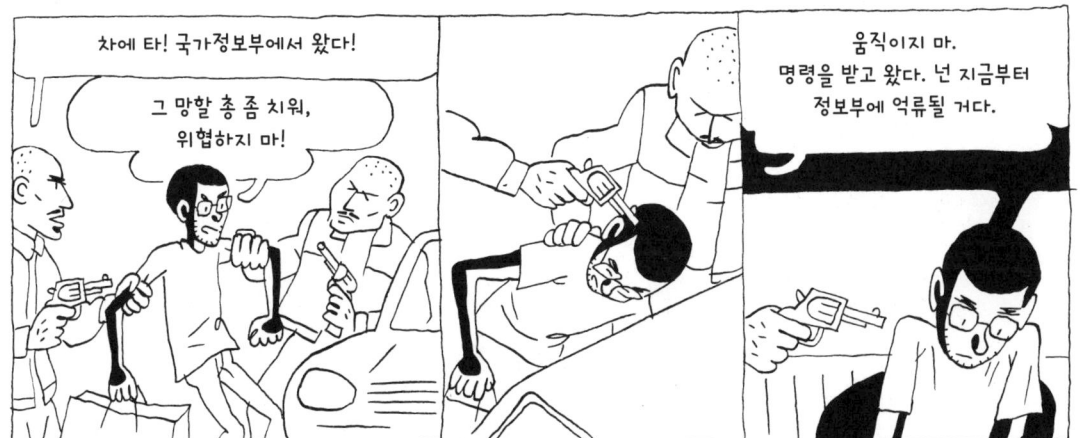

그 사람들은 정보부와 보안부 본청 뒷편의 낡고 지저분한 건물로 저를 끌고 갔습니다. 그곳에 그런 장소가 있으리라고는 상상도 못했습니다.

바로 그날, 저는 코베르 교도소로 옮겨졌습니다. 무스타파가 어떻게 되었는지는 당시에 알 수 없었습니다.*

* 무스타파는 그 후 2년이 지나서야 풀려났다.

저를 병원으로 싣고 갔던 구급차 운전기사가 길에서 저를 발견하고 쫓아오기 시작했습니다.

멈추지 않고 계속 뛰었습니다. 어디로 가는 건지도 몰랐습니다. 왈리드의 집으로 돌아갈 수는 없었습니다.
그저 하르툼에서 가능한 만큼 최대한 멀리 도망가려고 밤새도록 뛰었습니다.

돈도 전화기도 없었습니다. 새 안경과 신발 등 갖고 있던 모든 것을 감옥에서 빼앗겼습니다.
맨발에서 피가 나기 시작했습니다.

옴두르만으로 갔다가 더 북쪽인 사디 할파로 향했습니다. 그곳에서 2주를 머물렀고 그 후에는 다바에서 열흘간 머물렀습니다.

다바에서 우연히 고란족 사람들을 만났고, 강도를 당했다고 말했습니다. 고란족 사람들의 집에서 사흘을 지내다가 결국 차드로 돌아가기로 결심했습니다. 수단으로 간 보람이 전혀 없었습니다. 결국엔 치료를 끝까지 받지 못했고 안경도 뺏겨 버렸습니다.

국경을 다시 건너서 티나에 도착했습니다. 메디나로 돌아갈 수 없었기 때문에 일단 차드에서 사는 수밖에 없었습니다.

저는 그저 공부를 하고자 집을 떠났을 뿐인데 기회를 박탈당했고, 범죄자 취급을 받으며 인생에서 8년이라는 시간을 잃어버렸습니다.

관타나모는 여전히 저를 놓아 주지 않았지만, 감옥에 있을 때처럼 마음을 다잡았습니다.

내가 있는 자리에서 더 나은 삶을 만드는 수밖에 없다고. 그것이 순리라고 말입니다.

관타나모 이후의 삶이란 존재하는가?

"머리 누일 곳을 찾게 해 주십시오. 너무나 지쳤습니다. 쉽지 않습니다. 관타나모 이후의 삶 말이에요. 차드에서 베냉, 토고, 가나, 니제르, 나이지리아까지. 이게 다 미국인들이 나한테 한 짓입니다."

무함마드 엘-고라니가 2017년 10월 20일 바이버 메신저로 보낸 메시지다. 우리는 7년 전 그가 관타나모에서 풀려난 직후에 만났다. 그 후로 연락을 주고받았고, 특히 왓츠앱과 바이버가 생긴 이후부터 더 자주 연락했다. 무함마드가 잘 지내고 있을 때는 연락하는 일이 드물었다. 그가 자주 메시지를 보내기 시작하면 그것은 곧 도움이 필요하다는 의미였다. 무함마드가 도움을 받을 수 있을 만한 기관을 찾아서 알려 주었지만 이들은 관타나모가 영구적으로 찍힌 낙인이라는 것을 이해하지 못했다. 멀리서 달리 그를 도울 방법이 없었다.

우리는 딱 세 번 만났고 가장 최근은 2017년 6월이있다. 매번 치드의 수도 은자메나의 한 호텔 방에서 만났다. 나는 무함마드에게 그의 집을 방문해서 친척이나 동거인 등 함께 살고 있는 사람들을 만나 봐도 되겠냐고 몇 번이고 물어보았다. 그때마다 무함마드는 항상 거절했다. 자기가 사는 모습이 초라해서 보여 주기 싫었던 것일까 짐작했다. 몇 번은 대답을 망설이다가 그다음 날 집에서 만나기로 약속하기도 했다. 하지만 친척들이 설득한 끝에 엘-고라니는 나의 방문을 취소시키고 말았다. 그는 부끄러웠던 것이 아니었다. 그의 주변인들은 나의 방문으로 자신들이 주목을 받게 되고, 다시 관타나모 장기 수감자였던 엘-고라니가 관심을 받게 되는 게 두려웠던 것이다.

◆

2017년 은자메나.
불과 몇 년 전까지만 해도 은자메나에는 소위 고급호텔이라기엔 초라하기 짝이 없는 노보텔과 메리디앙 호텔뿐이었다. 호텔 수영장에서는 프랑스 군인들과 에어 프랑스 승무원들이 수영을 하고 있었다. 거기서는 차드와 카메룬의 국경을 가르는 샤리강이 보였다. 관찰력이 좋은 사람이라면 설탕과 여타 밀수품을 가득 실은 카누가 강을 건너는 것을 볼 수 있었다. 노보텔 맞은편은 그 당시 은자메나에서 유일하게 아스팔트 도로가 깔린 곳으로 밀수꾼이 강 건너편에 발을 디디면 바로 군용 트럭이 행인들을 치어 가면서까지 그들을 쫓는 것을 볼 수도 있었다.

    오늘날에는 이런 광경을 더 이상 볼 수 없다. 불과 몇 백 야드 떨어진 카메룬에서 활동 중인 보코하람의 테러 위협을 막기 위해 노보텔과 강가 사이에 콘크리트 판이 세워졌고, 이 벽이 부유한 숙박객과 군인들, 항공사 승무원들을 보호하고 있다. 이 벽들이 강 건너의 현실을 가리려고 하는 의도로 지어진 것이 아니라면 말이다. 이제 막 지어진 대리석 궁전 같은 힐튼 호텔이 은자메나의 나머지 지역의 가난한 현실을 차단하는 것을 보면 이런 느낌은 더욱 강해진다. 내 방에서는 주기적으로 물이 공급되어 관리가 잘된 잔디밖에 보이지 않는다. 이 쨍하도록 푸른 잔디 풍광을 제외하면 이 지역의 땅은 눈에 잘 보이지 않는 은자메나의 실제 토양처럼 먼지만 피어오른다. 공기 역시 모래 먼지로 자욱해서 창문을 열 때마다 불쾌한 흔적을 남긴다.

    나는 '폭력적 극단주의 예방'을 위한 컨퍼런스에 초청되었다. 사실 이 컨퍼런스는 조금 덜 정치적으로 올바른 용어로 말하자면 보코하람뿐만 아니라, 조금 더 멀리서 조종되는 그룹들(more remote groups)의 이슬람 극단주의 테러리즘을 주제로 하는 행사다. 컨퍼런스 중에 나는 전문가들이 강연을 하는 거대한 회의장을 수시로 빠져나와서 내 호텔방으로 가 무함마드와 대화를 나눴다. 무함마드는 매일 나를 찾아왔다. 무함마드야 말로 왠만한 전문가보다 테러리즘에 대해 더 잘 아는 사람이다. 무함마드는 1993년, 사우디아라비아를 떠난 적이 없는 데도 불구하고 겨우 여섯 살의 나이로 런던 알-카에다 조직의 멤버로 활동했다는 혐의를 받았다. 이것을 시작으로, 무함마드의 모든 범죄 혐의에는 아무런 근거도 없었다. 그러나 2009년 비로소 무죄를 선고받기 전까지 무함마드는 실제 범죄 전력이 있는 수감자들과 살을 맞대고 살았다. '어떤 사람들은 자기 과거에 대해 얘기하는 걸 꺼려 했어요', 무함마드가 풀려난 지 얼마 안 되었을 때 이렇게 말했다. '그 사람들은 누가 자기 과거를 알게 되면 심문관들에게 말을 해서 고문을 받을까 봐 두려워했어요.' 그러나 무함마드가 기억하는 어떤 아프간 사람은 수감자들에게 공공연하게 자신이 탈레반 및 알-카에다 조직원이었다는 것을 말했다고 한다. 무함마드는 이 사람의 이름을 밝히지는 않았다. 이 사람은 미국의 폭격으로 가족을 잃었고, (관타나모의) 간수들에게 항상 '당신들이 내 가족을 죽였어'라고 말하곤 했다. 그는 이 말을 할 때마다 슬퍼 보였다. 그는 '간수들이 직접 내 가족을 죽였다는 말은 아니고, 그저 그 일을 알고 있길 바랄 뿐이다' 라고 말했다고 한다.

    무함마드의 부모와 조부모는 차드에서 사우디아라비아로 이민을 떠났다. 무함마드는 2001년 불과 열네 살의 나이에 파키스탄에서 체포되었다. 파키스탄에 영어를 배우러 갔고 컴퓨터 수리 일을 하고 싶어 했다. 무함마드는 관타나모에서 가장 어린 수감자이기도 했다. 그의 변호사인 클라이브 스태퍼드 스미스는 무함마드가 '체포되었을 당시부터 2004년까지 실제로 관타나모에서 가장 나이가 어린 수감자였습니다'라고 말했다. 스태퍼드는 영국의 형 집행 유예 운동 단체 리프리브의 설립자이자 대표로, 무함마드의 석방을 도왔다. '열 살에서 열세 살 사이의 아프가니스탄 소년들은 캠프 이구아나에 수용되어 있다가 풀려났고 아프가니스탄으로 돌아갔습니다. 미성년 수감자들은 관타나모에 변호사가 들어가기 전에 이미 풀려난 상태였지만 무함마드는 여전히 감옥에 있었습니다. 미국인들은 무함마드가 실제보다 더 나이가 많다고 믿었으며, 체포 당시 이미 성인이었다고 믿었습니다.' 무함마드는 21~22세 즈음에 석방되었으며 이후 자신이 태어난 사우디아라비아가 아니라 조부모와 부모가 떠나온 고향인 차드로 보내졌다.

나는 2010년, 무함마드가 석방된 그다음 해에 은자메나에서 그를 만났다. 2주 동안 무함마드는 관타나모에 대해 이야기해 주었다. 간수들과 수감자들은 관타나모를 '깃모'(Gitmo)라고 불렀는데, 무함마드에게 '깃모'를 회상하는 것은 결코 쉬운 일이 아니었다. 무함마드에게는 몇몇 간수들과 동료 수감자들, 즉 '형제들'과 어떤 우정을 나눴는지에 대해 이야기하는 것이 더 편했다. 그리고 감옥에서 저항했던 일들, 간수를 상대로 8년 동안이나 게릴라 전쟁에 비견될 만큼 대범하게 싸운 일들, 절박함에서 비롯한 폭력 투쟁의 순간들, 똥오줌을 던지는 등의 반항적인 행동들을 떠올리는 것이 더 쉬웠다. 모두 무함마드가 저항적인 사람이었기 때문에 가능했던 일화지만, 동시에 그의 신변에는 결코 도움이 되지 않는 일이었다. 관타나모에서는 간수나 미국 정부에 대항해 문제를 일으키거나 모욕 행위를 하는 것은 수감 기간을 연장하는 정당한 구실이 되었기 때문이다. 그럼에도 무함마드는 굴하지 않았고 기록적인 수준으로 문제를 일으켰다. 관타나모에서 보낸 8년은 그의 청소년기나 마찬가지였다.

며칠이 지나자 우리는 조금 더 가까워졌다. 식당에서 함께 점심을 먹고 도시를 걸어 다녔다. 지나가던 행인이 무함마드에게 소리쳤다.

"고라니! 안녕하죠?"

"지금 봤죠", 무함마드가 반은 짜증이 나고 반은 뿌듯한 표정으로 귓속말을 했다. '여기 은자메나에서는 무함마드 엘-고라니를 모르는 사람이 없어요.'

무함마드는 후드티를 입고 있었다. 나는 무함마드의 옷차림을 지적했다. "당신이 여기 사람들처럼 흰색 젤라비야(가벼운 면직물로 만든 서아시아 및 북아프리카 지역 전통 의복으로 헐렁한 모자가 달려 있다―옮긴이 주)를 입고 있었으면 그렇게까지 주목받지는 않을 것 같은데요!" 차드 사막에 사는 삼촌들도 무함마드에게 젤라비야를 입고 터번을 쓰고 다닐 것을 권했다고 한다.

'삼촌들이 사막으로 가서 같이 살자고 했습니다. 저한테 낙타를 준다고 했어요. 그 사막에서 어떻게 사람이 살 수가 있나요? 삼촌들이 주신 옷은 어떻게 입는지도 모르겠더라고요! 전 8년 동안 죄수복만 입었으니까요. 이제 관타나모는 다 끝난 일이고 나는 자유의 몸으로 내가 입고 싶은 옷을 입을 수 있어요. 그냥 제가 하고 싶은 대로 하는 것뿐이에요.'

'그럼 수염을 좀 짧게 자르면 어때요? 그러면 차드 사람들도 덜 수상하게 생각할 텐데요?'

'제가 체포되었을 당시에는 턱에 털이 하나도 없었어요. 그런데도 관타나모에 보내졌잖아요… 감옥에서 수염이 자라기 시작했고 이젠 그냥 자라게 놔두고 있어요. 씨발, 수염은 좆도 상관없다고요!'

무함마드는 관타나모에서 간수들한테 과격한 표현을 배웠다며 사과했다.

무함마드는 독실한 이슬람 신자다. 여섯 살에 이미 메디나에 있는 예언자의 모스크에서 하루에 세 시간씩 『쿠란』을 공부하기 시작했다. 매일 축구도 했다. 실력이 좋아서 길거리 축구팀들이 서로 무함마드를 자기 팀으로 데려가고 싶어 할 정도였다. 그 당시 무함마드는 축구 선수 함자 살레(Hamza Saleh)의 팬이었다. 살레 역시 메디나에 살던 고란 족 출신으로 제다의 알-알리 클럽에서 활동했고 1994년, 1998년 두 번의 월드컵에 국가 대표로 출전했다. 지금도 무함마드는 미드필더인 무함마드 누르(Mohamed Noor)를 응원하고 있다. 누르 역시 나이지리아 출신으로 사우디아라비아 국가 대표에 선발되어 시민권을 받았다. 축구 선수들의 성공 사례는 이민자 어린이들이 가장 바라는 꿈이며 무함마드도 어린 시절 이런 꿈을 꾸었다. 무함마드가 인터넷 소셜 미디어를 검색해 아랍어로 누르를 비난하는 인종차별적인 댓글들을 보여 주었다. 노예, 원숭이 같은 말들이 보였다. 관타나모에서 무함마드는 몇 안 되는 흑인 수감자였고 그로 인해 간수들로부터 인종차별을 당했다.

무함마드와 함께하는 시간이 길어질수록 사우디아라비아에서 자란 십대 소년의 삶은 어땠는지 더욱 궁금해질 수밖에 없었다. 무함마드는 토씨 하나 틀리지 않고 『쿠란』을 외웠으며 동시에 애거사 크리스티의 소설책을 즐겨 읽었다. 무함마드는 "애거사 크리스티의 이야기들은 정말 현실적이잖아요"라고 말했다. 세상으로부터 격리되어 있던 상황에서도 무함마드는 수감자들이 석방되기 전까지 머무르던 캠프 이구아나에서 닌텐도 위를 배웠고 게임을 즐겨 했다. 함께 수용되어 있던 위구르인들을 상대로 버츄얼 복싱과 탁구 게임을 하곤 했다. 위구르 수감자들은 상당한 탁구 실력자들이었다. 무함마드는 음악도 즐겨 들었으며 특히 밥 말리를 좋아했다. 체포당하기 전 하미드 삼촌을 통해 처음 밥 말리를 알게 되었다. 감옥에서 영어를 배워 밥 말리의 노래 가사를 이해하게 됐고 석방된 후에는 더욱 좋아하게 되었다.

무함마드는 엄격한 이슬람 신자였다. 하지만 그가 자란 사회는 점차 늙고 부패하는 군주제의 철권 통치 아래 더욱 억압적으로 변해 갔다. 걸프 지역(페르시아만) 다른 청소년, 젊은 세대와 마찬가지였다. 이 상황에서 청년들은 알자지라 방송이 전달하는 이슬람적 가치와 현대적 가치가 혼합된 메시지를 통해 희망을 먹고 자랐다. 바로 이 젊은 세대가 우리가 만난지 몇 달 후에 지역 전반에 걸쳐 등장하는 '아랍의 봄'을 주도하게 된다.

은자메나의 시장에서 무함마드는 왜 내가 낡은 카펫을 샀는지 이해하지 못했다. '사우디아라비아에도 같은 카펫이 있는데 그건 인조 섬유로 만든 것이었어요. 여기서는 낙타 털로 만들잖아요! 여긴 차드예요!' 메디나에서 보낸 어린 시절 무함마드는 현대사회를 충분히 맛보았다. 그래서 차드에 사는 것이 영 불편하지 않을 수 없었다. 차드는 그에게는 낯설고 아주 고리타분한 나라였다. '난 여기서 외국인이에요… 은자메나에서 뭘 봤는지 사우디아라비아에 있는 형제들이랑 사촌들에게 말하면 믿지를 않더군요! 여기 사람들은 대체 어떻게 이렇게 살 수가 있죠? 난 유럽으로 갈 거예요.'

우리가 대화하는 동안 무함마드는 종종 통증 때문에 몸을 웅크렸고 침묵했다. '구타를 너무 많이 당했어요. 복부 통증이 너무 심해서 노인처럼 몸을 구부리고 다녀요. 허리도 너무 아프고 무릎도 아파요. 강제로 무릎 꿇고 있었던 날이 너무 많았거든요.' 그 당시 무함마드가 차드를 떠나고 싶었던 이유 중 하나는 은자메나에서는 제대로 된 치료를 받을 수 없기 때문이었다. '여기를 떠나면 치료를 잘 받을 수 있을 거예요. 언론에 관타나모에 대해서 얘기할 거고, 미국을 법정에 세울 거예요. 정의를 위해서, 모든 사람들이 다 알아야 하니까요. 나는 미국 사람들이 나를 이해해 줄 거라고 생각하지는 않아요. 책임은 미국 정부에 있는 거지, 미국 사람들한테 있는 건 아니죠.'

2010년 후반, 무함마드를 만나던 시기에 나는 은자메나 노보텔 호텔에서 미국인 외교관을 우연히 만나게 되었고, 관타나모 수감자였던 무함마드 얘기를 꺼냈다.

그 외교관에 따르면, '내가 아는 건 미국 정부와 차드 정부 사이에 비밀리에 모종의 합의가 있었다는 거예요. 이 합의에 따라 차드 정부는 엘-고라니가 차드를 떠나지 못하게 하고, 만일 엘-고라니가 차드를 떠나면 우리한테 알려야 합니다'.

나는 '차드에서는 무함마드가 제대로 치료를 받을 수가 없기 때문에 밖으로 나갈 수밖에 없습니다'라고 말했다. '여권을 줘서 출국시켜 줄 수는 없겠습니까?'

'그건 위험한 일입니다. 관타나모에서 풀려난 수감자들 중에 25퍼센트는 이슬람 네트워크에 접촉하기 때문입니다.'

다음은 2011년 4월 25일자 『뉴욕타임스』에 실린 내용이다. "펜타곤이 추정한 바로는 2010년 10월 1일자로 관타나모 수감자 598명 중 석방 후에 테러 행위나 반란 행위에 가담한 것으로 '확인된' 사람이 81명이고, '추정된' 사람은 69명이다. 국방부에서 제시하는 통계를 최대한으로 받아들여서 25퍼센트라 치더라도, 이는 미국의 연방정부 및 주정부에서 기소된 이력이 있는 범죄자들이 상습적으로 재범을 저지를 확률의 최대치보다도 낮은 것이다."

나는 이 외교관에게 미국 정부가 무함마드를 비롯한 관타나모 출신들이 미국 정부에 소송을 할까 봐 걱정하는 건지 물었다. '미국에 소송하거나 말거나 별 관심은 없지만… 한번 잘 해 보라고 하세요!'

'잘 해 보라는 말은 무함마드가 미국 정부를 상대로 소송을 제기할 예정이라고 해서 한 건가요, 아니면 무함마드가 관타나모에 있었다는 사실 때문에 한 건가요?'

'그 사람이 관타나모 출신이라는 것 때문에 한 말이죠…'

◆

2017년 6월이 되었고, 나는 그때까지 무함마드를 7년이나 보지 못했다. 하지만 우리는 바로 이전 대화를 중단했던 부분에서부터 다시 말을 이어 나간다. 힐튼 호텔의 내 방에서 무함마드는 팔걸이 의자에 앉거나 침대에서 베개로 허리를 받치고 누웠다. 여전히 허리가 아프다고 했다. 우리는 오랜 시간 이야기를 하고, 잠시 쉬었다가 다시 시작했다. 무함마드는 여기서 낮잠도 자고 샤워도 하며 호텔 인터넷으로 해외에 있는 가족과 친구들에게 왓츠앱 메시지를 보냈다. 얼마 전에 라마단 금식을 시작한 탓에 조금 피곤해하긴 했지만 그럼에도 7년 전보다 훨씬 더 좋아 보인다.

이전에 무함마드가 이렇게 말한 적이 있었다. '언젠가 차드를 떠나게 되겠지만 그게 당장 내일은 아닐 겁니다. 그게 순리대로 사는 길이니까요. 내 인생을 살고 돈도 벌어서 결혼도 해야죠.'

2011년 초, 우리가 만나고 나서 얼마 후, 무함마드는 18세인 아미나와 결혼했다..아미나는 고란족 출신으로 사우디아라비아에 사는 무함마드 삼촌의 친구의 딸이다. 당시 무함마드의 장래 장인은 친구로부터 경고를 들었다고 한다.

'그 남자한테 딸을 보내지 마! 위험한 사람이야. 폭탄을 설치할 수도 있다고!'

'그딴 소리 계속 할 거면 내가 우리 딸을 시켜서 너희 집을 폭파시켜 버릴 거야! 넌 그 아이를 알지도 못하잖아! 난 걔가 태어났을 때부터 알았어. 착한 애야. 네가 들은 대로 믿지 마. 걔는 잘못한 게 없어.'

무함마드의 부모님은 결혼식에 참석하기 위해 은자메나에 비행기를 타고 왔다. '벌써 10년이 흘렀더군요…. 그래도 우리는 마치 바로 전날에 보고 다시 만난 것만 같았죠. 먼저 어머니 머리와 손에 입을 맞추고 아버지한테도 똑같이 입을 맞췄습니다. 다 같이 울었죠. 부모님께서 옷과 핸드폰 그리고 무사 삼촌이 저를 위해 사우디아라비아에서 맞춰 주신 안경을 가져다주셨습니다. 부모님은 저랑 같이 메디나로 돌아갈 거라고 기대하고 계셨죠. 은자메나에 한 달 동안 계시다 가셨습니다.' 이때가 무함마드가 이제는 돌아가신 아버지의 얼굴을 본 마지막 날이었다.

무함마드는 결혼했고 더 이상 젊은 미혼 남자들과 같은 집에서 살 수는 없었다. 그래서 다른 집을 빌려서 부인과 함께 살았다. 이제 그는 돈도 벌어야 했다. 처음에는 세탁소를 열기로 했다. 동료 수감자였던 '형제' 중 한 명이 두바이에서부터 세탁기를 선물로 보내주었고 무함마드는 뤼데쌍콩트메트르가의 작은 가게를 빌렸다. '처음에는 장사가 잘 됐어요. 하지만 차드에서는 누가 돈을 벌기 시작하면 경찰이 찾아옵니다. 오전에 가게 문을 열러 가면 문에 커다란 자물쇠가 달려 있고 경찰서로 찾아오라는 알림이 붙어 있죠.'

경찰은 무함마드에게 서류가 없다는 걸 알고 있었고 그에게 가게를 운영할 수 없다고 했다. 무함마드는 일주일에 400달러에서 500달러를 경찰에 줘야 했다. '돈을 버는 족족 경찰이 다 가져가 버렸어요. 너무 힘들어서 문을 닫기로 결심했죠.'

2011년 중반쯤 무함마드는 부인과 함께 카메룬으로 갔다가, 베냉으로 이동했다. 베냉에는 아미나의 어머니가 살고 있었다. 베냉의 코토누에서 무함마드는 복부 수술을 받았다. 차드에서는 불가능했던 일이었다. 아미나는 딸을 낳았고 아이에게 마리암이라는 이름을 지어 주었다. 부부의 걱정거리들이 조금씩 사라져 갔다. '관타나모에 있던 사람들은 다들 앞으로 아이를 가질 수 없을 거라고 생각했습니다. 주사를 너무 많이 맞았거든요. (자기 사타구니를 가리키며) 여기도 발로 많이 맞았습니다. 아직도 소변을 볼 때마다 아픕니다.'

무함마드는 베냉에서 계속 살고 싶진 않았다. 관타나모에서 영어를 배웠기 때문에 영어권 국가에서 정착하고 싶어 했다. 가나는 코토누에서 차로 불과 몇 시간 거리였다. 국경에서 경찰관 손에 100달러를 슬쩍 쥐어 주기만 하면 됐다.

무함마드 가족은 아크라에 정착했다. 그 사이 그는 천천히 몸을 회복해 나갔다. 2주마다 관타나모에서 다친 등을 치료받았다.

일자리를 찾기까지 고생했지만 마침내 레바논 사람이 운영하는 과일 가게에 고용이 되었다. 가나에서 베이루트로 파인애플, 망고, 파파야 등을 수출하는 일이었다. 무함마드는 일을 빠르게 익혔고 자기 사업체를 차리기로 결심했다. '메디나에 있는 친구들이 만다린이라는 슈퍼마켓을 찾았고, 거기로 파인애플 500킬로그램을 보내 달라고 하더군요.'

아이들이 더 태어났다. 2014년 첫 아들이 태어났고 무함마드는 샤케르라고 이름을 지어 주었다. 샤케르는 '관타나모에서 가장 친한 친구'였던 샤케르 아메르의 이름에서 따왔다. 1년 후 샤케르 아메르가 감옥에서 14년이라는 시간을 보낸 끝에 석방되었다. 그리고 6개월 후, 무함마드는 둘째 아들을 얻었고 삼촌의 이름을 따서 무사라고 이름 지었다.

무함마드는 친구도 사귀었다. 자기처럼 외국인인 친구들도 있었고 가나 사람들도 있었다. 그중 이스마일은 자동차 판매상으로, 종종 기도하러 갔던 뱃소나 모스크에서 만났다. 무함마드가 과거를 숨기지 않아도 될 만큼 믿을 만한 친구들도 생겼다. 가나의 공사장에서 일하는 모로코 친구들이 그랬다. 이 친구들은 무함마드가 결백하다는 것을 믿어 주었고 자기들의 사촌 라미야를 소개해 주었다. 라미야는 교육을 잘 받은 젊은 여성으로 모로코의 큰 회사에서 일하고 있었다. 무함마드와 라미야는 마음이 잘 맞았고 2016년 8월에 결혼했다. 무함마드는 이 결혼에 대해서는 말을 아꼈다. 일부다처제가 좋게 보이지 않을 수 있다는 걸 알고 있기 때문이었다. 하지만 무함마드가 평소 종종 얘기하듯이 '그것이 순리였을' 뿐이다. 그는 서로 등을 지고 맞닿아 있는 두 집을 오가며 살림을 했다. 라미야가 사는 집에서 친구 이스마일이 부인, 아이들과 함께 지내도록 해 주었다.

사업이 잘 되어서 무함마드는 모아 놓은 돈을 모두 빵집에 투자하기로 했다. 무함마드는 이탈리아에서 오븐과 여러 기구들을 수입했다. 2017년 1월에 스핀텍스로드가에 '와우'라는 이름의 제과제빵 및 피자 가게를 열었다. 무함마드의 집도 거기에 있었다.

무함마드의 이야기가 이쯤에서 행복하게 끝났으면 좋았을 것이다. 하지만 무함마드의 오디세이는 끝나지 않고 계속되었다.

겉으로는 '친구'지만 사실 속으로는 무함마드가 잘 지내기를 바라지 않는 사람들과 만나 생긴 일이었다. 2013년 무함마드는 평소 잘 어울려 지내던 차드 학생들을 만나러 갔다. 이들의 집에서 사이드 하산이라는 나이 많은 남자를 알게 됐다. 그는 가나 출신의 무슬림이었고 학생들과는 모스크에서 기도하며 만난 사이였다. 이 하산이란 사람은 메카로 순례 여행을 한 사람들에게 붙이는 말인 '알 핫지'(Al-Hajji)로 자신을 소개했지만 사실 순례 여행을 다 끝마치지 못했다. 그는 '도움이 필요하면 얘기해요. 내가 정부에 아는 사람들이 좀 있으니까'라고 무함마드에게 말했다. 하산은 자기가 소위 '거물'이며 존 마하마 대통령과 대통령의 경호 고문인 바바 카마라와 사촌 지간이라고 했다.

'하산은 내가 깃모 출신이란 걸 알고 있었어요. 차드 학생들한테서 내 얘기를 들은 것 같아요'라고 무함마드가 설명했다. '국가정보부에 내 얘기를 한 게 분명해요. 이후 얼마 안 되어 정부 요원의 전화가 왔죠. 커피숍에서 만나자고 했어요. 저는 겁이 났어요. 바로 사이드 하산에게 전화로 와 달라고 했습니다. 하산이 함께 요원을 만나러 가 주었습니다. 평복 차림을 한 남자 두 명이 있었어요. 한 명은 킹(가명)이라고 했고 다른 한 명은 바비(가명)라고 했어요. 둘 다 정보부 소속이었죠. 사이드가 자기도 정보부 사람이라면서 대통령과 친한 사이고 제가 아들이나 다름없다며 자기가 보증인이라고 하더군요.'

바비와 킹은 무함마드에게 어떻게 가나까지 왔냐고 물었다. 그리고 '미국은 당신이 여기서 잘 살고 있어서 만족하고 있습니다'라고 말했다. 그리고 사이드 하산에게 '기름값'이라며 봉투 하나를 건넸다. 또 다른 봉투는 '받으세요. 교통비입니다'라며 무함마드에게 건넸다. 나중에 봉투를 열어 본 무함마드는 돈의 액수를 보고 깜짝 놀랐다. 실제 필요한 경비보다 훨씬 더 많은 300달러가 들어 있었다.

킹, 바비와 헤어지고 나서 사이드 하산이 무함마드에게 말했다. '저 사람들은 당신을 차드로 추방하려고 온 사람들이요. 내가 저 사람들에게 그러지 말라고 했지. 내가 당신을 보호해 주고 있으니까 무사한 줄 아시오.'

몇 주가 지나고 나서 하산이 다시 무함마드를 찾아왔다. '당신이 가나에서 계속 살려면 내가 뒤를 봐줘야 해요. 일을 좀 더 쉽게 하려면 돈이 필요합니다.'

이 나이 든 남자는 높은 사람들에게 뇌물을 줘야 서류에 사인을 받을 수 있다고 했다. 그날 이후로 무함마드는 매번 사이드가 다른 '거물'에게 사례금을 전달하는 척할 때마다 평균 200~400달러의 돈을 줘야 했다. 무함마드가 하산에게 준 돈은 총 7000달러에 달했다.

무함마드는 바비와 킹을 주기적으로 만나야 했고, 그때마다 항상 하산이 동행했다. 매번 요원들이 '교통비'라며 봉투를 건넸고 다른 요원은 무함마드의 보증인인 하산에게 봉투를 줬다.

무함마드아 정부부 사람들과의 관계는 2016년에 새로운 국면을 맞았다. 가나 정부는 미국의 요청으로 관타나모에서 석방된 수감자 두 명을 받기로 합의했다. 워싱턴은 이들이 고향인 예멘으로 돌아가는 것을 막고자 했다. 예멘은 전쟁 중이었고 '테러리스트' 그룹이 활동하고 있었기 때문이었다. 2016년 1월 마흐무드 오마르 무함마드 빈 아텝, 일명 '파리스'와 칼리드 무함마드 살리 알-두비가 가나의 수도 아크라에 도착했다.

'이 사람들은 어떤 사람들이죠?' 바비와 킹이 물었다.

'깃모에서 잘 알던 사이는 아니었어요….'

무함마드는 감옥에서 이들을 만났지만 친구 사이는 아니었다.

무함마드와는 달리 이들은 공식 입국을 허가받았고 외부에 공개되었다. 정부를 반대하는 정당인 신애국당과 반정부 언론에서 모두 재빠르게 이 사건이 어떤 의미인지 파악했고, 잠재적인 '테러리스트들'을 받아들이는 것은 정부가 미국의 꼭두각시가 되었기 때문이라며 비난했다. 예멘인들이 도착한 지 얼마 안 되었을 때, 무함마드는 메디나로 과일을 보낼 배를 준비 중이었고 우연히 공항 직원들과 만나 대화를 하게 되었다. 이 사람들 중 일부는 신애국당(NPP)을 지지했고 다른 일부는 여당인 국민민주회의(NDC)를 지지했다. 이들 중 하나가 무함마드에게 물었다.

'봤죠? 대통령이 깃모 출신 두 명을 가나로 데려왔어요. 어떻게 생각해요?'

'아무 생각도 없는데요. 난 파인애플이랑 망고를 보내러 왔어요. 난 엔디씨도 아니고 엔피피도 아닙니다. 당연히 비비씨도 아니고요!'

무함마드의 말장난에 사람들이 박장대소했다.

'당신이 정치 얘기를 싫어하는 건 우리도 알고 있죠!'

몇 달이 지나 바비와 킹이 다시 무함마드에게 연락을 해왔다. 이번엔 상황이 달라져 있었다. 이제 바비와 킹이 무함마드에게 도움을 청하는 처지가 된 것이다. 이들이 무함마드에게 부탁한 일은 아주 간단했다. 예멘에서 온 두 명이 문제를 일으키고 있으니 진정을 좀 시켜 달라는 것이었다. '그 사람들은 불만이 많아요'라고 무함마드가 설명했다. '미국이 가나에 돈을 주고 이 둘을 돌봐 주라고 했지만 가나에서는 후진 동네의 후진 아파트를 주고서는 돈은 자기들이 챙겨 버렸으니까요. 예멘 사람들이 미국 대사관에 가서 항의하고 언론에 말하겠다고 협박했다고 하더군요. 물론 가나는 미국과 문제가 생기는 걸 원하지 않고요….'

사이드 하산은 무함마드를 데리고 예멘 사람들을 만나러 갔다. 이들은 아파트 위 아래층에 살고 있었다. 아파트 벽이 방수가 안 돼서 비가 오면 물이 샜다.

'우리가 어떤 취급을 받고 있는지 좀 봐요! 며칠이나 물이 안 나오고 전기도 끊겼어요. 다른 곳으로 보내주던가! 아니면 차라리 깃모로 돌아가는 게 낫겠어요! 미국 대사관 앞으로 가서 〈우리를 관타나모로 돌려보내 달라!〉라는 피켓을 들고 있을 겁니다. 아예 대사관 앞에서 잘 거예요. 우린 이제 잃을 게 없으니까요!'

무함마드가 침착하게 대답했다. '이봐요, 감옥에서 통한 방법이 여기서도 통할 거라고 생각하지 말아요. 이젠 달라져야죠!'

'당신은 달라진 것 같네. 우리가 깃모에서 알던 그 사람이 아니야!'

'여기는 감옥이 아닙니다. 다른 사람 얼굴에 침을 뱉는다고 문제가 해결되지는 않는다는 말입니다. 깃모에서는 말할 권리를 얻기 위해서 직접 행동을 해야 했지만 바깥세상에서는 그렇지 않아요. 여긴 다른 세상이라고요. 가나는 좋은 나라지만 그만큼 인내심도 필요해요.'

무함마드는 예멘 사람들의 요구를 받아 적은 리스트를 하산에게 넘겨주었다. 그 후 일주일도 채 지나지 않았다. '그 사람들은 큰 수영장이 있는 좋은 집으로 이사 갔어요. 방이 다섯 개 있는 집을 각자 하나씩 받았죠. 월급도 올랐고 운전기사가 딸린 차도 받았어요.'

무함마드는 가나 정부와 예멘 사람들 사이에서 중간 다리 역할을 계속했다. 이들이 요구하는 것을 통역해 주기도 했고, 아크라를 구경시켜 주었다. 옷을 어디서 사는지 알려주고 수영장이나 바닷가로 데려가고 같이 축구도 했다. '우리는 친구가 되었어요. 그저 이 친구들에게 삶이 뭔지 깨우치도록 도와주었을 뿐이에요. 바르게 행동하고, 이웃들에게 친

절하고. 그렇지 않으면 사람들은 깃모 출신들은 전부 행실이 나쁘다고 생각할 테니까요.'

무함마드는 일주일에 한 번이나 두 번 정도 예멘 사람들을 만났다. 그때마다 매번 200달러가 담긴 봉투를 받았다. '이제 그 봉투가 어떤 의미인지 알겠더군요.'

사이드 하산도 봉투를 받았다. 늙은 하산에게 무함마드는 하늘이 보내 주신 선물이나 마찬가지였다. 단지 정보기관에서 하산에게 무함마드를 감시하라고 돈을 줘서 만은 아니었다. 2014년 초반, 하산이 무함마드에게 동업을 제안했다. 무함마드는 과일뿐만 아니라 걸프 지역으로 시어버터도 수출하고 있었다. 시어버터는 화장품 업계에서 높은 가격을 받을 수 있었다. 하산은 자기 고향인 가나 북부 지역에서 원재료를 공급할 수 있다고 했다. 무함마드는 하산에게 3만 달러를 건넸다. 친구 사이이므로 따로 영수증도 필요 없었다. 그런데 2년이 지나도 하산은 여전히 약속한 물품을 전달하지 않았다. 그에게는 언제나 그럴듯한 핑계가 있었다. 항상 바빠서 고향으로 가서 직접 확인할 시간이 없지만, 그래도 물건은 포장이 끝나서 배송 중이라고 했다.

2015년 가나 소재 유엔 사무소 측이 베냉에서 자동차를 판매하던 무함마드의 사촌에게 1만 9,000달러를 지불할 일이 있었다. 이 돈을 송금하는데 가나 은행 계좌가 필요했고 하산은 자기 계좌를 사용하라고 했다. 1년이 지났는데도 무함마드의 사촌은 돈을 받지 못했다. 무함마드와 사촌이 코토바비 지역의 경찰서를 찾아갔다. 하산은 즉시 무함마드에게 전화에서 이렇게 말했다. '지금까지 몇 년이나 당신을 도와주었는데 경찰을 찾아가? 나한테 문제가 생기면 당신한테도 문제가 생길 줄 알아!'

하산은 조만간 돈을 돌려주겠다고 약속했다. 선거 캠페인이 한창이었고 며칠 후 투표가 진행될 예정이라 너무나 바쁘다고 했다. 하산은 사촌인 존 마하마가 재선되기를 기대하고 있었다.

그러나 2016년 12월, 야당이 선거에서 승리했다. 2017년 1월 7일 새 대통령인 나나 아쿠-포아도가 집무를 시작했다. 하산은 아크라를 떠나서 자신의 근거지인 북부로 돌아갔다. 이틀이 지나자 새 정부의 정보기관에서 무함마드에게 전화를 걸어왔다. '엘-고라니 씨 맞습니까? 관타나모 출신 맞죠? 가나에는 어떻게 왔죠?'

정보기관에서 무함마드를 소환했고, 더 이상 예멘 사람들을 만나지 말라고 했다. '그 사람들은 예멘 출신 둘 말고는 아무것도 모르고 있었던 거예요'라고 무함마드가 말했다. 새 정부는 '깃모' 출신이 둘이 아니라 셋이었고, 무함마드가 감시망에서 빠져 있었던 것을 뒤늦게 눈치채고 조치를 취하고 있었다.

3월이 되자 모르는 번호로 무함마드에게 전화가 걸려 왔다. '당신 지금 알-핫지 사이드를 엿 먹이고 있는 거야? 상대가 누구인지 잘 모르는 모양인데!' 무함마드의 생각에는 하산의 일을 봐주는 길거리 갱이 전화를 한 것 같았다. 무함마드는 긴장하기 시작했다. 우선 라미야가 아미나의 집으로 옮겨 갔다. 라미야의 집에는 친구 이스마일과 그 가족들만 본채에서 따로 떨어진 가사 도우미 방에 남아 있었다. 어느 날 밤 새벽 1시쯤 이스마일의 전화번호가 무함마드의 전화기에 떴다. '총을 든 사람들 6명이 너를 찾아왔어. 네가 집에 없어서 천만다행이었어!'

무장한 사람들은 이스마일을 붙잡고 얼굴을 때렸다.

'엘-고라니는 어디 있어?'

'여기 없어요! 봐요, 문에 자물쇠가 채워져 있잖아요.'

그 사람들이 창문을 깨고 들어가서 집 안을 수색했다. 그 일이 있고 얼마 지나지 않아 국제 적십자 위원회 사람이 가나에 와서 예멘 사람들을 만났다. 적십자 담당자는 무함마드에게 전화로 미국 정부와 무함마드의 일을 논의하겠다고 약속했다. 그리고 가나 주재 미국 대사관에 가서 정치과 부과장 나바로 무어를 만나 보라고 충고했다. 대사관 문 앞에서 경비가 무함마드를 막았다. 무함마드는 결국 사실대로 털어놓을 수밖에 없었다. '제 이름은 무함마드 엘-고라니입니다. 관타나모 출신입니다.'

무함마드가 대사관 문 앞에서 경비에게 신원을 밝히자마자 바로 전화가 걸려왔다. '나바로 무어입니다. 당신 사연은 잘 알고 있으니 도와드리도록 하겠습니다. 하지만 다신 여기 오지 마세요. 대사관이 주목받는 건 우리한테도 좋지 않고 당신한테도 마찬가지니까요.'

무어가 무함마드의 이야기를 레이(가명)라는 사람에게 전달하겠다고 했다. 레이는 가나 정권이 바뀐 후 예멘 사람들을 담당하는 정보부 요원이었다. 무함마드가 대사관 문 앞을 떠나자마자 다시 전화가 왔다. 레이였다.

'지금 어디 있습니까?'

'미국 대사관 앞입니다.'

'거기로 가면 안 됩니다. 우리 상관이 알면 싫어할 거예요. 지금 바로 만납시다.'

무함마드는 레이를 대사관에서 얼마 떨어지지 않은 라본 커피숍에서 만났다. '무함마드 씨, 우리 같은 정보기관 사람들만 당신이 깃모 출신이란 걸 알고 있습니다. 새 대통령이나 장관들은 전혀 모르는 일입니다. 다시는 미국 대사관에 찾아가지 마세요. 그럴수록 우리만 점점 힘들어지니까요.'

3월 말, 나는 바이버 메세지로 무함마드의 연락을 받았다. 무함마드는 겁에 질려서 가나 언론과 접촉하고 싶어 했다. 그리고 내가 지역 라디오 방송에서 무함마드에게 유리하게 이야기를 해 줄 수 있는지 물었다. 무함마드는 가나에서 가장 유명한 아돔 에프엠(Adom FM)의 간판 진행자 캡틴 갓브레인 블레스드 스마트와 연락을 하고 있었다. '그 사람은 매일 오전 7시에서 10시 사이에 방송을 해요. 가나 국민의 90퍼센트가 매일 이 방송을 들어요. 이 사람 방송은 매일 같이 부정부패를 이야기해요.'

방송 진행자는 무함마드의 이야기를 듣고 아주 신이 났다. '이 이야기는 방송에 내보내야 돼요! 대통령이 이 얘기를 들어야 한다구요!'

캡틴 스마트는 아돔 에프엠 로고가 그려진 차에 무함마드를 태워 미국 대사관으로 다시 향했다. 대사관 사람들을 압박할 목적이었다. '아돔 에프엠 캡틴 스마트입니다. 무어 씨를 좀 만나고 싶은데요.' 캡틴 스마트가 대사관 문 앞에서 이렇게 말했다. 레이가 화가 나서 무함마드에게 다시 전화할 때까지 두 사람은 대사관 문 앞에서 기다렸다. '지금 뭐 하는 겁니까? 대체 왜 미국 대사관으로 간 겁니까?'

레이의 전화도 캡틴 스마트가 생방송으로 무함마드의 이야기를 전달하겠다는 의지를 꺾지는 못했다. 하지만 무함마드는 좀 더 신중하게 생각했고 며칠 더 기다려 보자고 이야기했다.

4월 5일, 무함마드는 공항에서 사우디아라비아로 과일을 수출하는 화물기가 이륙하기를 기다리고 있었다. 이민국 경찰 두 명이 그에게 와서 물었다. '무함마드 엘-고라니 맞습니까?'

그 순간 무함마드는 깨달았다. '나를 가족이랑 함께 차드로 추방하려고 하는구나. 난 다시 감옥에 갇힐 거야.'

이것이 몇 달 전까지의 이야기다. 여기까지 말을 하고 나서 무함마드는 은자메나의 호텔 방에서 오랫동안 침묵을 지켰다. 그리고 한숨을 쉬었다. '이제 좀 피곤하네요.' 그리고 다음 날이 되어서야 다시 이야기를 시작했다.

◆

'다운타운에 있는 사무실로 끌려갔습니다. 침대 매트리스만 덜렁 있는 어두운 방에 갇혔어요. 반바지 말고는 입을 옷도 없었고 모기가 자꾸 물었습니다.'

이틀이 지나자 무함마드의 부인 아미나가 면회를 왔다. 무함마드는 부인에게 말했다. '가서 이스마일을 만나. 11장짜리 서류에 내가 무죄라는 법원 명령이 적혀 있으니까 이스마일한테 그 서류를 캡틴 스마트한테 보여주고 바로 방송을 하라고 전해 줘.'

그날 오후, 정보부 요원이 무함마드에게 말했다.

'당신은 차드로 돌려보내질 겁니다.'

'그건 안 돼요! 거긴 내가 갈 곳이 아니예요!'

'당신은 선택권이 없습니다.'

무함마드는 우선 집으로 보내졌다. 집에서 기다리던 아미나가 흥분해서 말했다. '오늘 라디오에서 당신 얘기를 했어요!' 캡틴 스마트는 심지어 국가안보부에 가나에 관타나모 출신 수감자들이 몇 명이나 있는지 물었다고 했다. 국가안보부에서는 '두 명'이라고 대답했다. 무함마드에 대해서 모르거나, 그게 아니면 감추려고 한다는 사실을 캡틴 스마트가 밝혀냈다.

정보부 요원들이 아미나, 라미야와 막내 아들 무사를 두 번째 차에 태웠다. 작은 트럭이 나머지 두 아이들이 다니는 코스털 국제 학교로 향했다. 아이들은 교실에서 끌려나와서 차에 태워졌다. 트럭이 국가조사국으로 향했다. 주변은 철사 가시가 박힌 콘크리트 벽으로 둘러싸여 있었다. 무함마드는 홀로 갇혔고 아미나와 세 아이들은 다른 방에 갇혔다. 라미야는 세 번째 방에 갇혔다. 다음 날 정부에서 라미야를 고향 모로코로 보내 버렸다.

4월 9일 밤, 무함마드와 아미나, 세 아이들은 이민국 요원 세 명의 호송을 받으며 비행기를 타고 은자메나로 갔다. 은자메나에서 다시 차를 타고 국가안보부로 보내졌다. 이 건물에 있는 정원에서 평복 차림을 한 요원이 의자에 앉아 무함마드를 심문하기 시작했다. 무함마드는 서 있었다. '또 테러 행위에 가담한 거지? 미국이 죄가 없는 사람을 8년이나 감옥에 가뒀을 리가 없지…'

'만약 당신이라면, 자기를 범죄자로 취급하는 사람들과 같이 살 수가 있겠어요?' 무함마드가 나에게 물었다.

간수들이 무함마드를 발로 차고 총의 개머리판으로 때렸다.

'대체 왜 이러는 겁니까?' 무함마드가 물었다.

'그 질문에는 대답할 게 없군.' 이게 대답이었다.

아미나와 아이들은 다음 날 풀려났다. 무함마드는 캄캄한 방에 갇혀서 자기 손조차 볼 수 없었다. 점점 그곳에 다른 죄수들이 있다는 것을 알게 되었다. 같은 방에 다른 죄수들이 더 들어왔다. 전부 다 합쳐서 15명 정도 되는 것 같았다. 어떤 사람은 유통기한이 지난 약을 팔았다는 죄목이었고 또 다른 사람은 분실되었거나 도난당한 심(SIM) 카드를 쓴 죄목이었다. '매트리스도 없어서 맨땅에서 잤습니다. 매일 구타당했어요.'

25일이 지났고 무함마드의 건강에 이상이 생겼다. 혈압이 너무 올라서 병원으로 보내졌다. 여전히 죄수였던 탓에 경찰 세 명이 병실 앞에 배치되었다. 몇 시간이 지나고 집으로 돌아가라는 명령이 떨어졌다. 무함마드는 이제 자유의 몸이었다. 다음 날 아침 삼촌이 무함마드를 데리러 왔다.

그 이후로 무함마드는 사촌 이사의 친구네 집에서 머물렀다. 이 친구가 오늘 아침 지금 우리가 대화하는 호텔 방으로 무함마드를 데려다주었다. '남자 다섯 명과 한 방에서 지내고 있어요. 아내와 아이들은 10분 거리에 있는 장모님 댁에서 지내고 있습니다. 가진 것은 가나에 모두 두고 왔어요.'

무함마드의 가족이 차드에 도착했을 때 가진 것이라고는 등에 지고 온 옷가지뿐이었다. 아이들은 교복을 그대로 계속 입은 채 차드에 왔다. 차드에 온 이래 아직까지도 학교에 가지 못했다. 딸 마리암이 무함마드에게 가나에 있는 학교로 돌아가고 싶다고 말했다. 은자메나에서 마리암은 동네 아이들과 잘 어울리지 못했다. '아빠, 여기에는 진짜 화장실이 없어요!'

무함마드는 내 호텔 방을 보고 부러워한다. 대화를 멈추고 잠시 쉬는 시간을 가질 때마다 샤워를 하며 좋아한다. 어떤 날은 목욕도 한다. '가나에서는 목욕을 자주 했었죠.' 나는 무함마드가 목욕하는 사이 욕실 방문 아래로 물이 흘러나오는 것을 보고 무함마드에게 알렸다. 무함마드는 행복에 잠겨 욕조 물이 넘쳐 흐르는 줄도 모르고 있었다….

차드를 떠나기 전 내가 무함마드에게 물었다. 만약 버락 오바마와 만날 수 있다면 무슨 말을 할지. 무함마드가 대답했다. '부끄러운 줄 아십시오. 지킬 수 없는 약속은 하는 게 아닙니다. 관타나모는 아직도 폐쇄되지 않았습니다.'

관타나모에는 현재 40명의 수감자가 있다. 석방된 수감자는 731명이고 수감 중 사망한 사람은 9명이다.

내가 탄 비행기가 이륙했다. 무함마드가 여기 차드에 그리 오래 머무르지 않을 것을 안다. 그럴 사람이 아니다. 그가 딸 마리암에게 약속했다고 한다. '우린 가나로 돌아가지는 않겠지만 차드에서 살지도 않을 거야. 더 좋은 곳을 찾아보자.' 걱정이 된다. 어느 날 그가 사하라 사막을 건너는 픽업 트럭 뒷자리에 올라탔다가 결국 사막에서 목이 말라 죽는다거나, 지중해에서 물에 빠져 죽거나 아니면 리비아에서 포로로 잡히거나 노예가 되지는 않을까 하는 두려움이 생긴다. 상당 수의 이민자들에게 이런 일이 종종 일어난다.

2017년 9월 13일 아침에 메시지를 받았다. '차드를 떠났어요. 내 인생을 구하려면 도망자 신세가 될 수밖에 없어요. 너무 늦어지기 전에 좀 도와줘요.'

일주일 전 차드 정부와 관련 있는 한 친척이 무함마드에게 다시 체포되지 않으려면 차드를 떠나라고 충고해 주었다. 무함마드는 사촌 두 명과 함께 차를 타고 나이지리아로 갔다. 나이지리아 수도 아부자에 가서 유엔난민고등판무관실(UNHCR)에 도움을 청할 생각이었다. 10월 9일, 무함마드는 자신이 '망명 신청자로 난민 신분은 아직 증빙되는 중'이라는 내용의 서류를 발급받았다. 몇 달이 걸릴 수도 있겠지만 그때까지는 이 서류로 차드로 강제 귀국하거나 아니면 또 다른 나라로 보내져서 '무함마드의 삶이나 자유'가 침해받는 일을 막을 수 있을 것이다.

그 사이 아미나와 아이들은 차드를 떠나서 다른 서아프리카 국가로 갔다. 어느 나라로 갔는지는 밝히지 않는 것이 좋겠다. 거의 11월이 다 되었을 때 무함마드는 나이지리아로 갔다. 장장 20시간 동안 차를 타고 사례금으로 60달러를 내고서야 다시 가족을 만날 수 있었다. 당장 살 집이 없었기에 모스크에 난민으로 자리를 잡았다. 기도 시간에는 사람들로 꽉 차기 때문에 기도 시간을 피해 그늘진 마당에서 낮 시간을 보냈다. 밤에는 다른 노숙자들처럼 조용하고 시원해진 근처 길가에 큰 카펫을 깔고 잤다.

무함마드는 나이지리아에서 자리를 잡았다. 작은 식당을 열어서 샤와르마(이집트, 레바논 등 아랍 지역에서 흔히 볼 수 있는 음식으로 주로 양고기나 닭고기 등 고기를 얇게 썰어서 세로로 길고 큰 덩어리를 만들어 꼬챙이에 꿰어 빙빙 돌려가며 굽는다. 고기는 큰 칼로 잘게 썰어서 얇은 빵에 야채를 함께 넣어 먹는다. 케밥이 샤와르마와 유사한 음식이다—옮긴이 주), 쌀밥, 감자튀김 등을 팔기 시작했고 나이지리아 사람을 몇 명 고용했다. 아이들과 아내도 불렀다. 하지만 이때 다시 새로운 사건이 터지고 말았다. 어느 날 밤 집으로 돌아가 보니 아내와 아이들이 없어졌다. '밤새 걱정이 되어서 한숨도 못 잤어요', 무함마드가 다음 날 전화로 말했다. 그날 아침 아미나가 다른 나라에서 무함마드에게 전화를 걸어왔다. 무함마드가 식당에 출근하고 없는 사이에 집 앞에 검은색 큰 차가 와서 내내 서 있었고 아미나는 그 때문에 겁에 질린 나머지 급하게 나이지리아를 떠났다는 것이다. 두 남자가 차에서 내려서 차드 대사관에서 왔다고 했다. 이 사람들이 남편의 행방을 물었고, 왜 나이지리아에 왔으며 식당을 열 돈을 어디서 구했는지 등을 물었다고 했다.

전화로 들리는 무함마드의 목소리는 공포에 휩싸여 있었다. 집에서 자는 것을 포기하고 나이지리아를 떠나 가족이 있는 서아프리카 국가로 가기로 했다. 2018년 말, 무함마드는 여전히 도피처를 제공해 줄 '안전한 나라'를 찾고 있다.

무함마드의 이야기는 여전히 진행 중이지만 이쯤에서 줄이는 것이 좋을 듯하다. 그는 끝까지 투쟁을 포기하지 않을 것이고 결국에는 수상한 사람 취급을 받지 않을 곳을 찾을 것이다. 정상적인 삶을 살며 마침내 머리를 누일 수 있는 그런 곳을 찾을 때까지.

제롬 투비아나
2017년 12월에서 2018년 10월 사이에 씀

이 책에서 참고한 문서

이 책에서는 일부 공문서에서 인용한 내용을 만화의 형식으로 재현하여 수록했다. 그중 일부는 『위키리스크』에 유출된 바 있다. 일부 문서들은 대중에게 공개되기도 했다. 공개된 문서들 중 일부는 미국 정부 관계자들이 편집한 것이다.

15쪽   「관타나모만, 아프가니스탄, 이라크 지역 수감자 심문 관찰에 FBI 개입」에 대한 FBI 보고서 중 일부를 인용한 것이다(2018년). 이 문서는 또한 미 정부가 공문서를 편집하는 방식을 보여 주는 사례이기도 하다.
http://www.legal-tools.org/doc/81d5a3/pdf/

41쪽	수감자 야신 바사르다에 대한 평가(2008년). https://www.nytimes.com/interactive/projects/guantanamo/detainees/252-yasim-muhammed-basardah
48쪽	2002년 『위키리스크』를 통해 유출된 캠프 델타 표준작전지침의 일부 https://wikileaks.org/static/pdf/US-DoD-DELTA-SOP-2002-11-11.pdf
52쪽	수감자 무함마드 엘-고라니 평가(2008년 5월 작성). 해당 문서에서는 '수감자는 알-카에다 조직원임이 확인되었으며 또한 조사 결과, 영국 런던에 근거를 둔 알-카에다 점조직을 통해서 전 지구적 지하드 지원 네트워크(GJSN)에 가담한 바 있다'고 했다. 해당 문서는 『뉴욕타임스』에 실린 상당한 분량의 관련 기사에 실린 바 있으며, '관타나모만에 위치한 감옥을 거쳐간 수많은 사람들에 대한 의혹 중 하나'로 기술되었다. 또한 『뉴욕타임스』에 따르면 미군은 무함마드를 '명백한 테러 위협의 화신'으로 묘사했다고 한다. 해당 조서에서는 분명하게 무함마드가 아프가니스탄에서 발생한 토라보라 전투에서 탈출하던 알-카에다 소속 전투원으로 체포되었다고 밝히고 있다. 체포된 후 7년이 지났음에도 불구하고, 본 문서는 여전히 무함마드를 '고위험'으로 분류했으며 '수용 지속' 대상으로 권고하고 있다. https://www.nytimes.com/interactive/projects/guantanamo/detainees/269-mohammed-el-gharani
69쪽	기동진압부대 팀 구성에 대한 기술은 2003년 캠프 델타의 표준작전지침에서 발췌한 것이다. http://www.comw.org/warreport/fulltext/gitmo-sop.pdf
71쪽	'이슬람교식 매장' 스케치는 위의 문서에서 가져온 것이다. http://www.comw.org/warreport/fulltext/gitmo-sop.pdf
102~103쪽	리언 판사가 작성한 판결문에서 발췌 https://ecf.dcd.uscourts.gov/cgi-bin/show_public_doc?2005cv0429-202
115쪽	주은자메나 미국 대사관이 보낸 전보에서 발췌. 2009년 6월 18일자로 『위키리스크』에 유출되었다. http://wikileaks.wikimee.org/cable/2009/06/09NDJAMENA244.html

전기

무함마드 엘-고라니의 이야기는 프랑스 잡지 『뱅떼양』과 『런던리뷰오브북스』에 먼저 실렸다.
Jérôme Tubiana, "Le gamin de Guantánamo" [The Kid from Guantánamo], XXI, No. 15, July- September 2011.
Mohammed el Gorani and Jérôme Tubiana, "Diary", London Review of Books, 15 December 2011.

이 책에 실린 후기는 프랑스에서 더 간략한 판으로 『르누보마가진리떼레르』(Le Nouveau Magazine littéraire)에 2018년 3월 "관타나모 이후의 삶"(Guantánamo: la vie d'après)이라는 제목으로 실렸다.

기타 자료

Laurie Anderson, "Bringing Guantánamo to Park Avenue", *New Yorker*, 23 September 2015.
Mourad Benchellali, with Antoine Audouard, *Le piège de l'aventure* [The Adventure Trap], Robert Laffont, 2016.
Lakhdar Boumediene and Mustafa Ait Idir, *Witnesses of the Unseen: Seven Years in Guantanamo*, Redwood Press, 2017.
Annick Cojean, "Mohammed, adolescent, innocent et détenu à Guantánamo" [Mohammed: Teenaged, Innocent, and Detained at Guantánamo], *Le Monde*, 19 November 2005.
Marc Falkoff (ed.), *Poems from Guantánamo*, University of Iowa Press, 2007.
William Glaberston and Charlie Savage, "Secret Case Against Detainee Crumbles", *New York Times*, 26 April 2011.
Scott Horton, "The Guantánamo 'Suicides'", *Harper's Magazine*, March 2010.
Andrea Jones, "Growing Up Guantánamo", *ViceNews*, 11 November 2014.
Mohamedou Ould Slahi, *Guantánamo Diary*, Little, Brown and Co., 2015.
Frank Smith, *Guantanamo*, Les Figues Press, 2014.
Clive Stafford Smith, *Eight O'Clock Ferry to the Windward Side*, Nation Books, 2007.
Michael Winterbottom (dir.), *The Road to Guantánamo*, film, 2006.
Andy Worthington, *The Guantánamo Files*, Pluto Press, 2007.

감사의 말

무함마드를 나에게로 이끌어 준 알렉스 코틀로위츠, 폴 살로펙에게. 클라이브 스태퍼드 스미스, 크리스 창, 폴리 로스데일, 케이티 테일러, 그리고 형 집행 유예 단체에서 이 책을 지지해 주신 모든 분들. 파트리크 드 생텍쥐페리(『뱅떼앙』), 조앤나 빅스와 제레미 하딩(『런던리뷰오브북스』) 그리고 무함마드의 이야기에 바로 열정적으로 호응해준 하파엘 글룩스만, 에르베 오브롱(『르누보마가진리떼레르』). 폴린 데이비드(국제앰네스티)가 이 이야기를 그래픽노블로 탄생시키는 아이디어를 제공해 주었다. 뱅상 앙리, 앙드레 카디 '소울맨'의 노력에 감사한다. 소피 퍼로드는 나에게 용기를 준 가장 중요한 사람이다. 조나단 리틀은 정말 다정했다. 이브 프리장(국제앰네스티), 무하드 벵셰라리, 사라 틱은 조언뿐만 아니라 책 홍보에도 도움을 주었다. 프랑스 편집자 폴린 메흐메는 끝이 나지 않을 것만 같던 프로젝트가 결론을 맺을 수 있도록 도와주었다. 소피 카스티유와 다르고 출판사 사람들은 이 책이 해외에서 출판될 수 있다고 믿어 주었다. 마지막으로 가장 중요한 엠마 헤일리와 셀프메이드히어로 출판사의 모든 직원들에게 감사드린다. 무함마드와 같은 사람의 이야기에 이보다 더 잘 어울리는 이름의 출판사는 존재하지 않을 것이다.

제롬 투비아나

관타나모 수용소와 국제앰네스티

국제앰네스티는 전 세계에서 가장 큰 인권 단체로 8백만 명에 달하는 지지자와 함께 인권을 위해 싸우고 있습니다. 국제앰네스티는 좀 더 나은 세상을 만들 수 있는 힘이 누구에게나 있다고 믿습니다. 정의, 공정함, 자유, 진실이 거부되는 곳이라면 전 세계 어느 곳에서도 국제앰네스티의 보호를 받을 수 있습니다. 인권은 우리가 누구이든 어느 곳에서 살든 우리 모두에게 해당하는 것입니다.

관타나모만에 소재한 수용소는 2002년 문을 연 이래로 전쟁 범죄자라는 명목으로 780명을 감금해 왔습니다. 이 책이 집필되는 순간에도 여전히 40여 명이 수감되어 있습니다. 무함마드 엘-고라니의 이야기는 불행히도 너무나 익숙한 이야기입니다. 관타나모 수용소는 미국 정부가 '테러와의 전쟁'에서 자행한 잔혹한 인권 유린의 상징이 되고 말았습니다.

"수년간 관타나모는 기소나 재판을 거치지 않은 고문과 송환, 영구 수감의 상징이 되었습니다. 이는 명백히 국제적으로 합의된 정의 및 인권 규약을 침해하는 것입니다. 따라서 관타나모를 폐쇄하는 것이 절실하며, 사실 이미 오래전에 폐쇄되었어야 했습니다."(에리카 게바라-로사스 국제앰네스티 아메리카 지역 국장)

2018년 트럼프 정부에서 관타나모 감옥을 영구히 운영하도록 하는 행정명령에 사인했습니다. 그 이후 『관타나모 키드』같은 이야기를 읽는 것은 어느 때보다 더 중요한 일이 되었습니다. 1961년 앰네스티가 창설된 이래 선 세계 각지에서 사람들이 편지, 이메일, 팩스로 연대와 지지를 표명해 주었습니다. 사케르 아메드는 관타나모 수감자로 2015년 9월에 14년간의 수감 생활 끝에 석방되었습니다. 아메르 외에도 앰네스티로부터 지지를 받은 사람은 수없이 많습니다. 여러분의 단순한 지지 행동 하나로 많은 사람들에게 희망과 영감을 줄 수 있으며, 또한 이들이 결코 잊혀지지 않았다는 것을 알릴 수 있습니다. 동시에 수용소 관계자들에게는 전 세계에서 그들의 행동을 지켜보고 있다는 메시지를 보낼 수 있습니다.

인권 침해를 당한 사람을 알고 있다면 그 사람을 대신하여 행동을 취할 수 있습니다. 당신의 지지로 인해 누군가의 삶이 달라질 수도 있으며 당신의 연대는 세상을 더 살기 좋은 곳으로 만들 수 있습니다. 더 자세한 사항은 아래 누리집을 참조해 주세요.

www.amnesty.org.uk/actions
www.amnestyusa.org/take-action

언제든 상황이 변할 수도 있습니다. 지지 및 연대 행동에 나서기 전 잊지 말고 국제앰네스티 누리집에서 가장 최근 정보를 확인해 주세요.

추천사

'21세기 호모 사케르'(Homo Sacer), 이름은 엘-고라니, 13세인지 14세인지 본인도 모른다. 수감번호 269번, 이육사를 떠올렸다. 위키리크스의 기밀문서를 보면 관타나모 사령부는 이 소년을 "고위험, 고위협, 정보 가치 중급"으로 분류했다. 어떤 중학생이기에 제국에 '고위험, 고위협' 분자가 될 수 있단 말인가. 로마 제국 시기, 호모 사케르는 죽여도 되는 존재였다. 어떤 명예도 허용되지 않는다. 21세기에 제국은 호모 사케르를 재탄생시켰다. 이들은 인간이 아닌 그저 일종의 생물체다. 그래서 눈을 가리고, 입과 귀를 막고, 동작은 금지된다. 매일 고문해도 된다.

기밀문서는 소년이 1993년부터 알-카에다 런던 세포 조직원이자 자살특공대원이라고 했다. 소년은 그때 자기 나이가 6세였다고 했다. 사우디에서 영어를 배우기 위해 파키스탄으로 갔다. 9.11이 터졌다. "파키스탄 정부가 5,000달러에 미국에 팔아넘겼다." 제국은 테러리스트가 필요했다. 영문도 모르고 끌려간 소년에게 수백 수천의 관타나모 '이근안'이 말한다. "넌 노예야! 우리가 파키스탄 놈들한테서 널 돈 주고 사 왔다고!"

소년은 이슬람에 흑인이다. '벌거벗은 생명'만이 그가 가진 모든 것이다. 그래도 외친다. "테러리스트는 당신들이야! 우리를 납치해서 여기로 데려왔잖아." 철벽과 마주해 싸운다. "우리가 합심해서 싸워야 아주 작은 자유라도 얻을 수" 있기 때문이다. 그런데 웃으면서 싸운다. "운다고 해서 석방시켜 주지 않아요. 계속 웃으면서 결코 저들이 원하는 대로는 해 주지 말아요."

제국의 '칠성판'에 처음 누울 때 미디엄 옷을 입었는데, 라지 또는 엑스라지를 입을 때 풀려났다. 매일 맞아도 키는 자랐다. 미국 법원이 무죄를 선고했다. 8년 만이다. 하지만 끝날 때까지 끝난 것이 아니다. 법적으로 무죄지만, 관타나모에 있었기 때문에 유죄다. 석방 후에도 각국 정부는 그를 풀어 주지 않았다.

제국은 아프리카계 한 흑인 청소년과 싸웠다. 그리고 패배했다. 14세가 넘었다면, 이 책을 읽어야 한다. 제국이 무너지고 있다. 이유가 궁금하지 않은가.

이해영(〈다극화포럼〉 이사장, 한신대학교 교수)

2001년 9월에 나는 으드르라는 이란에 붙어 있는 워낙 보수적인 곳을 떠나 이즈미르라는 누드 비치가 있는 진보적인 도시에서 문화 충돌을 겪고 있었다. 그러던 찰나에 9.11 테러 사태가 일어났다. 나와 거의 동갑인 이 책의 주인공 무함마드 엘-고라니의 이야기는 비슷한 방향에서 시작되었지만 다르게 전개되었다. 그래서 나는 이 책을 보면서 나의 첫 국적과 유학하러 왔던 나라에게 감사하게 되었다. 이 슬픈 현실을 솔직하게 말하자면, '국적에는 값이 있더라고요'.

이 책은 단순히 미국이 '테러와의 전쟁'을 하면서 일어났던 반인권적인 일들을 한 명의 피해자의 눈으로 보여 주는 것이 아니다. 이 책은 단순히 '오케이, 9.11 테러를 일으킨 사람들이 무슬림이지만, 그렇다고 해서 모든 무슬림이 테러리스트는 아니다. 그런 편견을 가지게 되면 이 사람 같은 피해자를 만들 수도 있다'는 메시지를 주는 것도 아니다. 저자가 얼마나 의식했는지 모르겠지만, 이 책이 보여 주는 것은 따로 있다. '사람의 출생지는 곧 그 사람의 운명'이라는 것. 이 책은 1차 대전 이후부터 꼬인 이 지역의 사람들의 피할 수 없는 운명을 보여 주고 있다. 그 끝에 빛이 보이지 않는 터널에서 달려가고 있는 사람들을 보여 주고 있다. 한 줄로 정리하자면, 이 책은 이 지역 사람들이 어떻게 살아가고 있는지 보여 주고 있다.

알파고 시나씨(작가, 언론인, 유튜브채널 〈알파고의 지식램프〉 운영)

『관타나모 키드』를 누명을 쓰고 관타나모 수용소에서 구금당했던 어느 무슬림의 이야기라고만 소개하는 건 이 책의 가치를 과소평가하는 꼴이 될 것이다. 무함마드 엘-고라니의 비극은 세계 최고라는 미국의 정보, 수사 기관들이 얼마나 마구잡이식에다 허술하기까지 한지를, 선출직 공무원이 정부를 운영하는 국가에서는 일소되었다고 알려진 고문들이 21세기 민주주의 국가에서 얼마나 거리낌 없이 자행되었는지를 가감 없이 보여 준다. 하지만 이 책에 강렬한 생명력을 더해 주는 것은 엘-고라니와 동료들이 배고픔과 추위, 구타 말고는 아무것도 존재하지 않아 보이는 수용소에서 인간다움과 유머를 잃지 않고 살아가는 모습이다. 불행하게도 엘-고라니의 진짜 비극은 그가 수용소에서 석방되는 순간 시작한다. 그는 근거 없는 의심과 선입견에 쫓겨 어디에도 정착하지 못한 채 이 나라 저 나라를 전전한다. 분명 지금 이 순간에도 아프리카 어딘가를 떠돌고 있을 엘-고라니의 불안은 오늘날 한국 사회를 떠도는 수많은 "이방인들"을 떠올리게 한다. 『관타나모 키드』가 엘-고라니 개인의 비극일 뿐 아니라 현재를 사는 우리 사회의 이야기이기도 한 것은 바로 이런 이유 때문이다.

한승태(작가, 『고기로 태어나서』 『어떤 동사의 멸종』 『퀴닝』)